ビジネスマンのための

最新「数字力」養成講座

経営コンサルタント
小宮一慶

はじめに

本書は、二〇〇八年三月に初版を発行した『ビジネスマンのための「数字力」養成講座』の、八年ぶりの第二弾となります。前作は、一五万部、おかげさまで累計一〇〇万部を超える養成講座シリーズのなかでも、三番目に人気のものとして、いまも新しい読者の方からうれしいお便りをいただきます。

本書もまた、ビジネスマンの方に「数字力」を養成していただくためのものですが、資料としては前作とはまた別の、より経営的、経済的な「数字」を用いることで、より実践的な内容となっております。

と同時に、本書にはもうひとつの趣旨があります。それは、数字を通して、日本の現状を理解していただくことです。いま政治的、経済的に世の中で起こっていること、日本のディープな部分の多くは、公開されているさまざまな数字から誰もが知ることができます。

しかし、実際にそれらを本当に十分理解している人は少ないと感じます。それを数字を通じて理解する方法、視点をお伝えすること、それが、本書に託したわたくしのもうひとつの狙いなのです。したがって、前作をお読みになっていない方はもちろん、お読みの方にも、十分お役立ていただけることと思います。

では最初に、「数字力」とは何か？　そこから始めたいと思います。ここは、前作と変わりません。わたしは、数字力というのは、次の三つが身につくことだと思っています。

❶具体化力………数字によって全体を把握し具体的に考える力。推理力にもつながる
❷関連づけ力……数字を関連づけて考える力。発想力につながる
❸目標達成力……目標を達成する力

たとえば、ある小売店チェーンで、今月の売上げが予定を大きく割り込んだとします。その数字に驚いて営業は何をやっているのかと怒ったところで事態がよくなるわけではありません。マネージャークラスが最初に取るべき行動は、その売上げデータの詳細、内訳を具体的に見ることでしょう。

- どの商品がもっとも予定を割り込んでいるのか？
- 予定を上回っている商品はどれか？
- どの店が予定を割り込み、どの店が上回っているのか？
- 競合他社の売上げ状況はどうなっているのか？

このようにして、**具体的に全体や個別の状況を把握**し、さらに**その内容を他の事象や数字と関連づけて考える**。景気が悪化しているからだ、宣伝広告が足りないからだ、などと漠然と数字の裏づけなしに言ったところで、**目標達成**には到りません。具体化し、関連づけることにより、取るべき対策が見えてくるのです。

「数字力」のある人とない人、つまり、数字で物事を見る習慣のある人とそうでない人とでは、同じ現象を見ていても、物事の見え方や達成度は、大きく異なるのです。

たった2500億円!?
全体像から一部を見る。一部から全体像を推測する

数字力が高まると、世の中の見え方も大きく異ってきます。

たとえば、何かとトラブル続きの二〇二〇年の東京オリンピックの新国立競技場の施工費をめぐるゴタゴタ。当初の予算を大幅に上回ることが判明し、コンペで採用された計画が白紙撤回されたわけですが、その折り、東京五輪・パラリンピック組織委員会会長の森喜朗元首相が、「たった２５００億」と発言したことも大きな問題となり、非難囂々（ごうごう）でした。

どう思われましたか？

実は、あのとき、わたしも「たった２５００億」だと思いました。

というのも、**全体像から考えた**からです。

昨年度（二〇一五年度）の日本の国家予算は、いくらだったか、ご存じですか？

約96兆円超。より正確には、96兆３４２０億円です。

それに比べると、2500億円というのは、わずか0・3%。正確には、0・26%です。だから、たいしたことない、と、小宮も森元首相と同じように考えたのか、と早急に判断しないでください。重要なのは、この先です。


残りの99・7%の予算の使われ方はどうなんだろう？

同じように、杜撰（ずさん）なのではないだろうか？

たまたま、新国立競技場問題は目立ったので叩かれただけであって、その背後には、誰も気がつかないから叩かれないでいる多くの問題があるのではないか？　新国立競技場だけがアバウトな計算だとは考えにくい。

たった2500億円のことだけで、騒いでいる場合じゃない。他の99・7%について、大いに追究していくべきではないか？


このように考えたわけです。

すなわち、

全体像から一部を見る

逆に言えば、

一部から全体像を推測する

ともに、重要な「数字力」であり、その習慣の有無によって世の中の見え方が大きく異なるのです。

オリンピックで景気浮揚は期待できない。基本的な数字が分かれば、世の中が正しく見える

東京オリンピック絡みで、もうひとつ、公開されている「数字」から世の中を深く見る例を挙げてみましょう。

財政が苦しいなか、オリンピックを誘致し開催する根拠について、その景気浮揚効果が喧伝されています。一九六四年の東京オリンピックのときの夢よ、もう一度、というわけです。でも、はたしてそうなるのでしょうか？

わたしは、二〇二〇年の東京オリンピックで景気浮揚はない、と思っています。それは、数字から見て判断できます。


東京オリンピック開催が決まったころ、個人タクシーの運転手さんから、「実は、新車を買っちゃったんですけれど、東京オリンピック以降も、景気はだいじょうぶですかねえ」と言われました。その運転手さんは、オリンピックまではだいじょうぶだと思っていたようです。「それよりも、オリンピック前を心配したほうがいいですよ」と喉まで出かかりましたが、やめました。そもそも、第二次安倍内閣になって、円安株高となり、一瞬景気が上向いたように思ったのも束の間、すでにそのときには景気は失速していたわけですし。

このタクシーの運転手さんに限らず、多くの人が、東京オリンピックが近づくにしたがって、景気浮揚効果が出てくると勘違いなさっているようですが、残念ながらそれはありません。あったとしても東京の一部だけです。もちろんわたしはオリンピック自体には賛成ですが、経済効果はそれほど期待していないのです。

次の東京オリンピックに投資する金額を全体の数字の中でとらえることによって分かります。


現在の日本の名目ＧＤＰ、つまり名目国内総生産は約**５００兆円**です（この「５００兆円」という数字は、このあとも何度も出てきますので、ここで頭の中に入れておいてください。ちなみに経済学で「名目」というのは「実額」という意味です）。


それに対して、当初、次のオリンピックの予算は、３０１３億円。それが、６倍もの１兆８０００億円にも跳ね上がる試算になったと、今年（二〇一六年）のはじめに報道され、再び大問題となっているわけですが、それでも、名目ＧＤＰの０・３６％。

一方、一九六四年当時の日本の名目ＧＤＰは、どのくらいだったか、ご存じですか？

29・5兆円。いまのＧＤＰのわずか17分の1だったわけです。そういうときに、新幹線をつくったり、東名高速道路、名神高速道路を完成させ、東名とリンクさせて首都高もつくりました。投資額の対ＧＤＰ比は、かなり大きかったはずです。それだけの投資をしたということであり、それに応じての景気浮揚効果だったのです。（ただし、残念ながら、翌年の一九六五年（昭和四〇年）にはその反動で「四〇年不況」という大きな不況が襲い、倒産企業が続出、山一證券が日銀特融で救われるということもありました。）

今回も、オリンピックに向けて、インフラ整備に約2兆円の公共事業を行うそうですが、インフラが未整備だった時代、高度成長の真っ只中にあった時代には景気浮揚効果があったインフラ投資もせいぜいが、「投資した分のＧＤＰが上がるだけで、いわゆる乗数効果はほとんどない」というのが、現在のマクロ経済学の常識とされています。インフラ整備の仕事を直接請け負う都内の建設・土木業などが一時的に潤うだけなのです。

それは、現在、日本が毎年公共事業に使っているお金の金額（推移）とＧＤＰの伸びの**数字を比較して**みれば分かります。

国家予算約97兆円（平成二八年度）のうち、公共事業に年間どのくらい使っているのでしょうか？

答えは、約6兆円。一般会計歳出予算全体の6・2％です（35ページのグラフ参照）。

実はこの一〇年間、毎年約5兆円が公共事業に充てられてきました。さらに、二〇一一年三月の震災後、二〇一五年までの五年間は、ここに約5兆円の復興特別予算が加えられましたから、公共事業に毎年合計約10兆円が投資されてきたわけです。

加えて、この五年間というのは、民主党政権が倒れて、アベノミクスが始まり、その名のもとにびっくりするような金融政策がとられてきた期間でもあります。それでも、消費税率アップ前の短い時期を除いて、特に景気が上向いたという実感はない。景気はよくなっていません。黒田日銀総裁が目指す2％のインフレも起きていません。起きる気配すらありません。

つまり、東京オリンピックに、たかだか1兆円、2兆円の追加公共事業投資をしたところで、大きく景気が浮揚するなんてことはないだろう、ということです。実際、二〇一二年のロンドンオリンピックでも、だいたい1兆円を費やしたものの、景気浮揚効果は、波及効果を入れても2兆円程度にとどまったといわれています。

わたし自身は、東京オリンピック開催には賛成です。やっぱり楽しいから。そういう人々の気分の高揚から、財布の紐が緩んでの消費拡大、をあてにしているのでしょうが、イギリスでは、そうした波及効果を入れても、投資の2倍、2兆円だったということなのです。

このように、新聞などの記事を同じように読んでいても、登場する数字をどのようにとらえるかによって、見えてくる世界は大きく異なります。ときに、政治や経済の世界の裏側で起こっていることも垣間見ることができます。

逆に言えば、それらは、

数字を全体像から、あるいは具体的にとらえない限り、見えてこない

ものなのです。それらの視点があるかどうかは、経営上の戦略立案にも、人生設計にも影響を及ぼしてくることは間違いありません。

これから、そうした「数字の見方」を、さらに多様な素材を例にお話ししていきます。先にも述べたように、本書を通して数字の読み方を理解していただくとともに、現在の経済、政治、経営の具体例を挙げて説明していますので、社会の本当の姿が見えてくると思います。コツやノウハウだけをまず知りたい方は、第4章、5章を先にお読みになってもかまいませんが、ぜひ、第1章～3章に戻ってきてください。

また、ところどころに「演習問題」や「クイック演習」を入れてありますので、必ず推論してみてください。これも「数字力」を確実に高めます。

世の中は「複雑系」です。それを読み解くかぎは「数字」です。本書を読み終えたあと、あなたの視界がより広く、より深くなっていることを期待します。

小宮一慶

ビジネスマンのための最新「数字力」養成講座

◉

目次

第2章

基本的な「経済」の数字と定義を知る

第3章

基本的な「会計」の数字と定義を知る

第5章 「数字力」を鍛える11の習慣

第1章

数字が見えると、世の中が見える

1 全体の数字が分かれば本質が見える

名目GDP、一般会計予算などから日本の課題を見る

「はじめに」で、東京オリンピックの新国立競技場をめぐる問題を例に、ニュースなどに登場する「数字」から、世の中を見る方法の一端をお見せしました。この第1章では、さらに、いくつかのトピックスを取り上げて、数字の裏側にあるものを探っていきます。

数字力とは、「はじめに」でも説明したように、

具体化力 ⬇ 関連づけ力（発想力）⬇ 目標達成力

の順で高まっていきます。より具体的なステップとしては、次のようになります。

ステップ1　数字を具体的に把握する（数字とその定義や意味することを知る）
ステップ2　数字と数字を関連づける
ステップ3　数字を自分でコントロールし、つくっていく

まず、この第1章では、「数字力の基礎を高める」ということを、実例を交えながら行っていきたいと思います。トレーニングのつもりで読み進めてください。

やり方としては、ステップ1〜3を、次のように、さらに具体化します。

❶まず、関心を持つ
❷基本的な個別の数字を把握する（「基本的な数字」を知る）
❸数字の定義を知る（「基礎的な知識」を得る）
❹数字と数字の関連づけをする
❺以上のことから、未知の数字に対する推論をする

ここで、**「基本的な数字」と「基礎的な知識」**という言葉が出てきました。

「基本的な数字」とは、たとえば、日本の名目ＧＤＰ（国内総生産）は約５００兆円といったような数字です。

「基礎的な知識」とは、それが、「企業などが国内で一定期間に生み出す付加価値の合計で、その中から一番多く分配されるものは給与」といったような、定義のようなものです。

この「基本的な数字」と「基礎的な知識」の両方がないと、正確に数字を分析することはできません。

たとえば、安倍首相はアベノミクスで「二〇二〇年までに名目国内総生産を６００兆円にする」と言っていますが、先に述べた「基本的な数字」を知っていれば、「２割増やすということだ」と解釈できます。さらには、「基礎的な知識」を理解していれば、「企業などが付加価値を２割増やし、それにより給与も２割増えるだろう」と予測することもできます。逆に言えば、その二つなしには、数字の解釈は十分にはできないのです。

この章を読み進めるうちに、自然に、数字の見方、数字との向き合い方を理解し、「基本的な数字」と「基礎的な知識」を身につけていただけるように工夫したつもりです。また、読み物風にもしてありますから、現在の社会のことも分かると思います。

＊＊＊

それでは、最初に、「全体の数字を把握することで本質が見える」ということをテーマに、「具体化力」や「関連づけ力」強化のトレーニングをしていきましょう。

この章の前半で主に取り上げる全体を見る大きな数字は、次の二つです。

○名目国内総生産（名目ＧＤＰ）

○国家予算（一般会計予算）

先に触れましたので、すでに、この数字がざっくりいくらくらいかはお分かりだと思います（お忘れの方は、トレーニングだと思って、ご確認ください！）。

これら二つの数字に、日本の人口（約1億2700万人）などの数字を関連づければ、いままで見えなかったことが見えてきます。

逆に言えば、「基本的な数字」として、頻繁に引用されるような数字を知っていると、いろいろなことの解釈ができます。仕事において、自社や業界の売上高の数字を知っておくことについても同様です。

まずは、「数字力」を高めるウォームアップとして、数字から考える簡単なトレーニングからいきましょう。

次の数字を見て、何を考えますか？

・米国のGDPは現在約18兆ドル、人口約3・2億人。
・中国は10兆ドル、人口は約13億人。
・日本は、約4・5兆ドル（1ドル＝110円で計算）、人口は1・3億人弱。

さあ、考えてください。

まず、中国が日本のＧＤＰの倍以上だということは分かりますね。中国の世界経済でのプレゼンスが増しているのです。米国は日本の４倍。

これは、比較すれば分かることです。これだけでも、各国の経済的立場は分かります。

次に人口の数字を加えて考えましょう。ここから何が分かりますか？

そう、「一人あたりの名目ＧＤＰ」です。

計算すると、米国が約５万６０００ドル、中国は約８０００ドル（７７００ドル）、日本は約３万５０００ドルです。

先に「基礎的な知識」として説明したように、名目ＧＤＰは給与の源泉ですから、この三国の所得水準や物価水準もだいたい分かります。

中国は沿岸部の発展が先に急速に進んだため、沿岸部ではこの数倍の一人あたりＧＤＰがあるでしょう。感覚的には沿岸部の一部の都市の物価水準は、日本とあまり変わりません。一人あたりのＧＤＰが３０００ドルから７０００ドル程度でモータリゼーションが一気に進む、といわれていますが、所得の比較的高い北京や上海では、車の洪水です。

もう少し「基本的な数字」についてお話ししておきましょう。さらに見えてくることがあります。

世界全体のＧＤＰは、約**72兆ドル**と推計されています。

ということは、米国はその約４分の１を占めていることになり、いまだに世界の「機関車」的役割です。米国の利上げが取りざたされ、世界の為替や株式市場がそれにより大きく動くのもうなずける話です。

（ちなみに世界全体の人口は72億人と推計されています。これで世界の１人当たりのＧＤＰも計算できますね。さらに、そこからどんなことが考えられますか？）

＊＊＊

最初に、「基本的な数字」と「基礎的な知識」が重要だとお話ししました。「基本的な数字」として、まず米、中、日三国や世界全体の名目ＧＤＰや人口を取り上げてみたわけですが、すでにお気づきのように、これらの数字は時間の経過とともに変わります。コンスタントに新聞などでチェックすることが必要です。

一方、「基礎的な知識」として、「名目ＧＤＰは給与の源泉」と述べましたが、こちらは経済の基礎的な知識です。「基礎的な知識」は「基本的な数字」と違い、一度学ぶと、一生ものとなることも少なくありません。

この本を読み進めれば、両方を過不足なく自然に学べるようにしてあります（そのため、同じ数字やその定義を繰り返し、お話しすることになると思いますが、「養成講座」としての工夫です。すでにお分かりの部分は、飛ばして読んでくださっても結構です）。

それでは、さらに数字力のトレーニングを進めながら、日本経済のことを一緒に考えていきましょう。

名目ＧＤＰと国家予算の数字が分かれば、そして、それを別の数字とちょっと関連づけるだけで、この国の全体像がかなりつかめる、ということが実感できると思います。

また、この章の後半では、個別企業の会計の数字の見方もお話しします。

マクロからミクロまで自由自在に数字を見ることができれば、世の中のことがよく分かります。誰もが簡単に見られる数字も、「数字力」があれば、世の中を見る顕微鏡、望遠鏡になるのです。

GPIF（年金積立金管理運用独立行政法人）には140兆円もお金があるのに、毎年、国庫から11兆円も補填!? なぜ？

これは、わたしたち自身の年金にも大きく関係することなので、しっかり理解したいところです。

平成二八年度の日本の国家予算は、約97兆円です（これは「基本的な数字」です。ざっくり100兆円と考えてだいじょうぶです）。

その内訳について、ご存じですか？

次のページに、一般会計の歳出の内訳を記したグラフを載せました。

知ると、ちょっと怖くなります。

言うまでもなく、最大の歳出項目は、社会保障費約32兆円、全体の33%強です（ついで、約4分の1を占める国債費（利払いと償還）が続きます）。

ここで、その社会保障費の内訳は？　と、気になりますね？　というより、気になって

平成28年度一般会計予算　歳出内訳

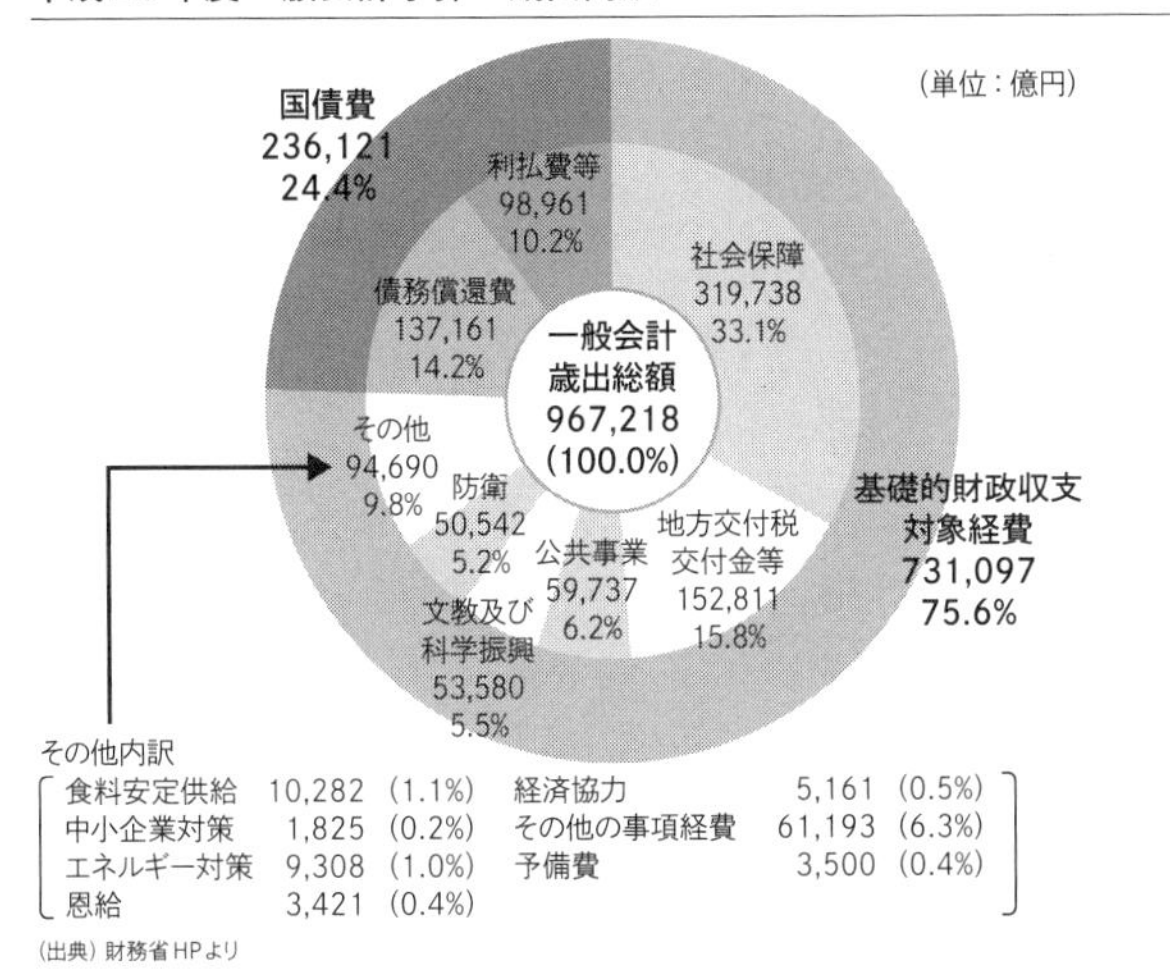

もらわないと困ります。そのように関心を持つことが、「数字力」の基礎の基礎なのです（関心のないものは、頭の中の「関心のフック」に引っかかってきません）。

ネットで検索して財務省発表の資料を見ればすぐ分かります。平成二八年度では

年金　11・3兆円
医療　11・3兆円
介護　2・9兆円
その他　6・4兆円

おおよそ、年金と医療に11兆円ずつということが分かります。

ここでまた、**疑問に思って**もらわないと困ります。

わたしたちは、毎月、社会保険料として年金を払っています。そこから支給年齢になった人に年金が支払われる仕組みのはず。それなのに、どうして、一般会計からも歳出しないといけないのか？　それも、毎年、11兆円も!?　と。


これにはまず、わたしたちが支払っている年金がどこにプールされているかを知らなければいけませんね。それは、「年金積立金管理運用独立行政法人（ＧＰＩＦ）」というところです。調べると、現在１４０兆円弱の資産があることが分かります。もちろん、ただ貯めているのではなくて、内外の大手金融機関に委託して資産運用しています。これはもう、世界でも有数の機関投資家です。

にもかかわらず、毎年10兆円以上も一般会計から補填しないといけないということは？

数字を関連づけてみると、真実が見える

現状の年金制度は（医療制度と同じく）、「世代間扶助」という名のもとに、現役世代の

社会保険料で高齢者世代への支払いを賄う仕組みです。制度ができたときは、保険料収入のほうが給付金額より多かったので、残りはプールされ、それが現在、140兆円。

ところが、急速な少子高齢化によって、それは回らなくなりました。

現在、1億2700万人のうち、年金受給者は約4000万人、支払っているのは約6000万人。さらに、今年（二〇一六年）、成人を迎えた人は約120万人なのに対し、団塊世代の方は一学年240万人。年金をもらう高齢者人口の伸びのほうがずっと大きい（ちなみに、昨年生まれた子どもの数は、101万人弱しかいません）。保険料そのものの収入の伸びが当初の予想を大きく下回り、多少の運用益ではとても賄いきれないのです。

かといって、140兆円そのものに手をつけるわけにはいきません。

その理由は、ちょっと「割り算」をしてみれば分かります。

140兆円　÷　1億人　＝　140万円

140兆円というと、国家予算をも超えるものすごく大きな金額のように思えるかもし

社会保障給付費の増加と財政

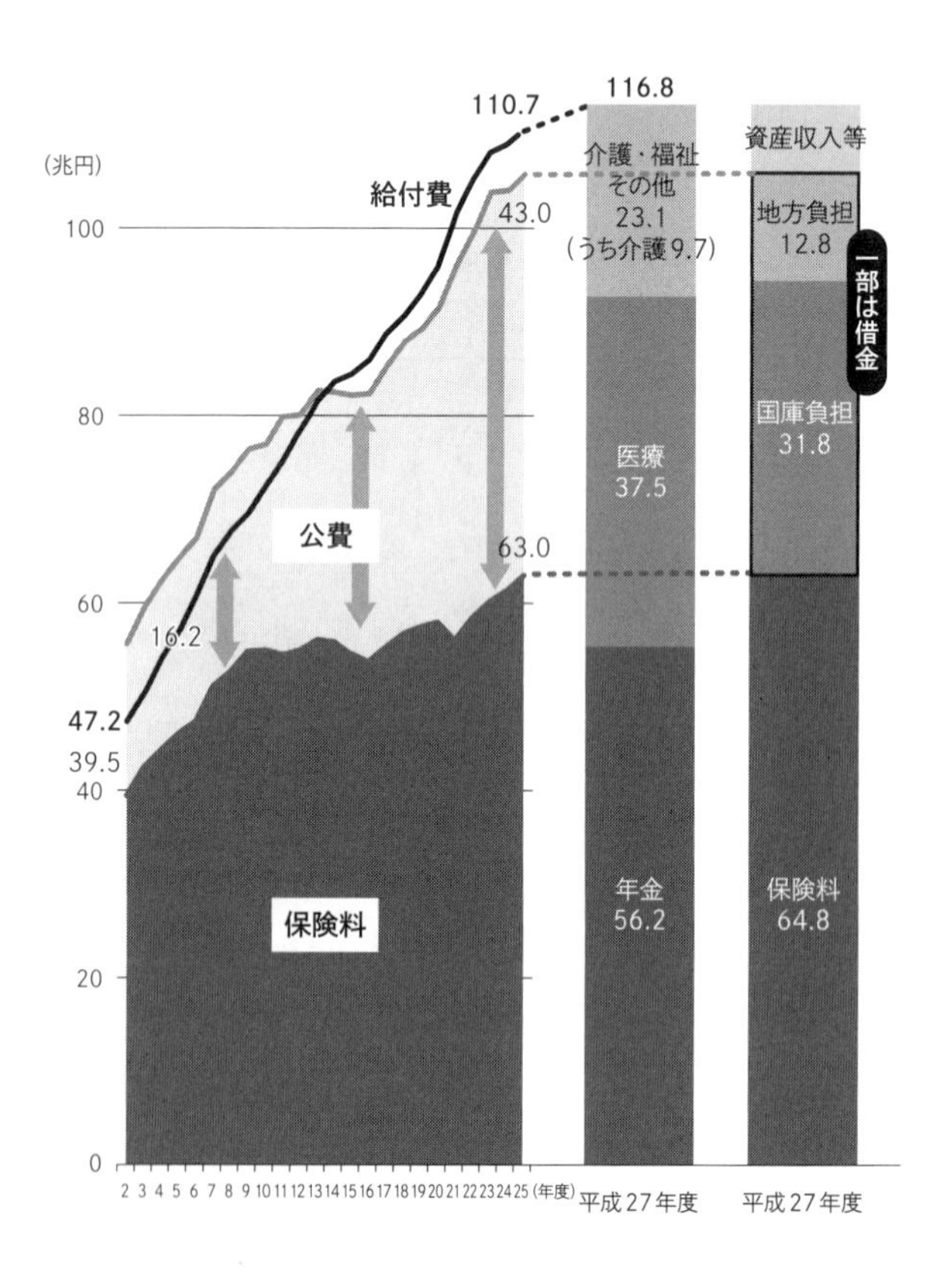

(出典) 国立社会保障・人口問題研究所「平成25年度社会保障費用統計」、平成27年度の値は厚生労働省 (当初予算ベース)

れませんが、年金をもらっている人と払っている人の合計、ざっくり１億人で割ると、一人１４０万円にしかならない！　これでは、手を付けたが最後、あっという間になくなってしまいます。だから、毎年、支給分を国庫から補填しないといけないわけなのです。

右のグラフは、医療費等も含めた社会保障給付費と財政との関係を示したものです。保険料収入と給付費との差がどんどん拡大しているのが分かります。

その全く十分ではないＧＰＩＦの積立金にはさらに大きな問題があります。運用に苦労しているのです。

その１４０兆円の運用ですが、何％で運用することを想定しているか、ご存じですか？

驚くなかれ、４％です。

２％のインフレも、経済成長率も、夢のまた夢、という状態のところに、４％です。さらに言えば、株式に限っては、６％の運用利回りを見込んでいるのですから、とても厳しいのが実態です。マイナス金利ですからね。

この本をお読みの多くの方は現役世代で働いている方が大多数だと思いますが、この現状を考えれば、現状の六五歳からの年金支給は今後とても難しくなり、六七歳くらいに支給開始が先延ばしとなる可能性も低くないことがお分かりでしょう。比較的年齢の若い方は、そのことを想定して、ご自身の生涯設計をされたほうがいいと思います。

わたしも、就職した当時（一九八一年）は、年金支給が六〇歳からといわれていたのですが、結局は先延ばしになってしまいました。

このように、何か数字を見たら、

関心を持って、ちょっと詳細を調べてみる。そして、知っている他の数字と関連づけて、ちょっと割り算したりしてみる。

すると、世の中って、結構危ないんじゃないかな、などという、「実態」や「本質」が見えてきます。

比較してみると不思議なことが分かる――特別会計のややこしさ
社会保障費だけで、１０７兆円、国家予算97兆円を上回っているのはなぜ？

ところで、38ページのグラフでは、社会保障費給付金が、平成二五年度で１１０・７兆円、平成二七年度で１１６・８兆円。うち、年金は56・２兆円です。これは、保険料と一般会計からの補填を含んだ総額なのですが、それにしても、１１６・８兆円とは、すでに一般会計予算の97兆円を超えています。国家予算より大きい。これはいったい何を表しているのでしょう？

実は、ここには「特別会計」が含まれるからです。

法律（財政法第13条第２項）によると、「国が特定の事業をおこなう場合、特定の資金を保有してその運用をおこなう場合、その他特定の歳入を以て特定の歳出に充て一般の歳入歳出と区分して経理する必要がある場合に限り、法律を以て、特別会計を設置するものとする」とあります。

ともかく、一般会計から原則として独立して行われる会計で、国には一四の特別会計があり、総計約400兆円。重複を相殺すると、合計約200兆円となり、うち、年金の特別会計（厚生労働省所管）が、約56兆円というわけです。

二〇二五年には、これが60兆円になると予想されていますが、その財源は？

左のグラフを見ると、二〇一二年から二〇二五年までのGDPの伸びを1・27倍と見込んでいることが分かります。先にも少し触れましたが、わが国の名目GDPは、二〇年以上ほとんど伸びていないのです。国庫（一般会計）と地方税からの補填増、もしくは、年金支給額の低減と支給年齢の引き上げ以外に方法がないことは明らかですね。

しかし、対GDP比の財政赤字が200％を大きく超え、先進国中最悪（二位のイタリアでも140％程度です）を考えれば、一般会計予算からの補填には限度があります。

かといって、受給者の毎年の支給額を減らすというのは、年金受給層の自民党離れを助長しますから、自民党政権がこれを選択する可能性は低く、この先、よほど経済成長率が高まらない限り、年金支給年齢引き上げという選択肢しかないと考えます。

社会保障給付費の増加とGDP

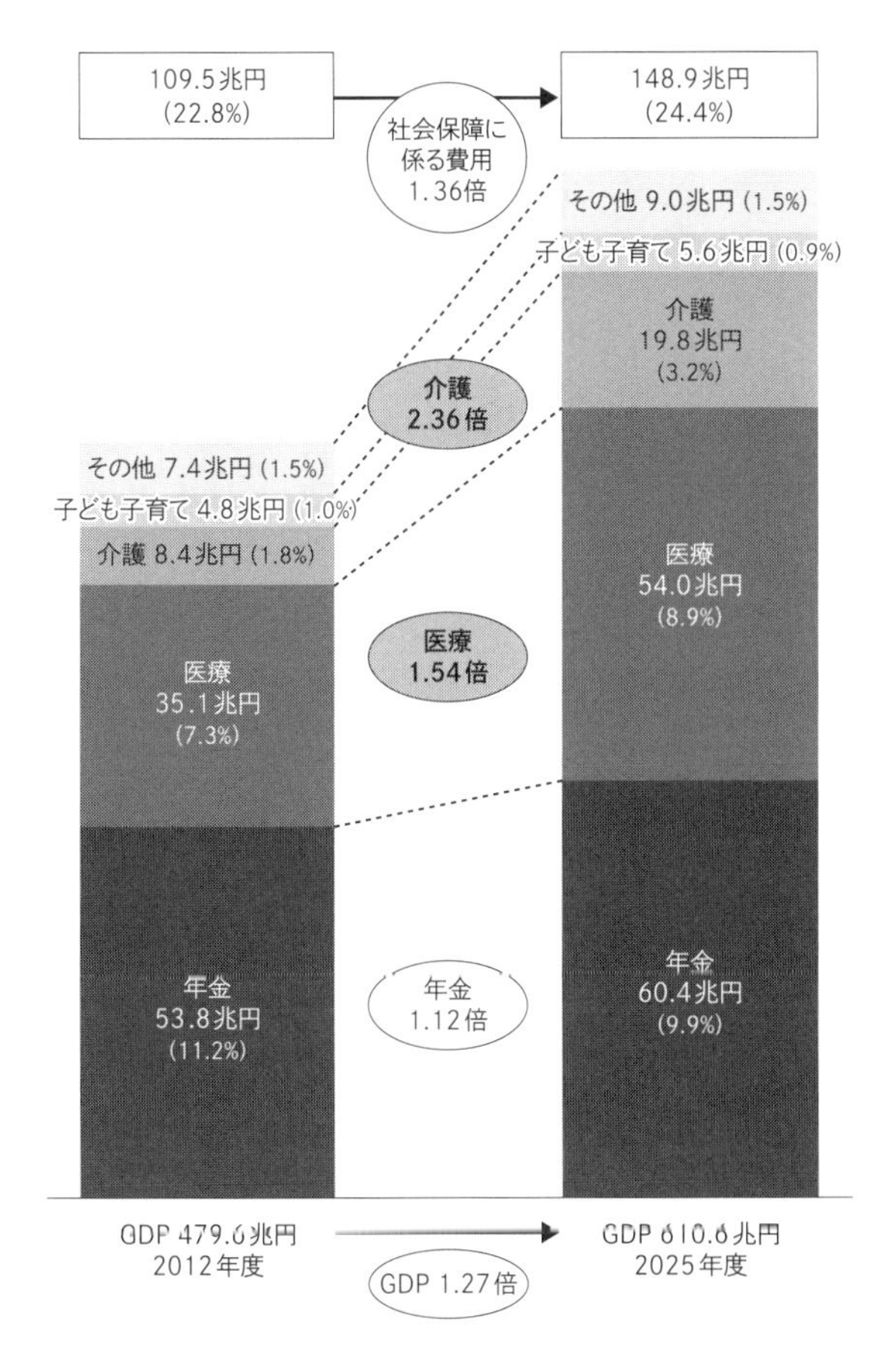

(出典) 厚生労働省「社会保障に係る費用の将来推計の改定について (平成24年3月)」
(注) ( ) 内の%表示はGDP比。

それにしても、ややこしいですね。実は、調べれば調べるほど、分からなくなってきます。わざと分かりにくくしているようにすら思えてきます。

「はじめに」で、森元首相が「たった2500億円」と言ったという話を書きましたが、新国立競技場は目立ったから発覚したのであって、このややこしさのなかで目立たないだけで、杜撰（ずさん）に使われているお金がたくさんあるのではないかと考えるのが当然だと思います（あとでJR九州の上場のお話をしますが、そのケースでも1000億円単位のお金がいい加減に扱われていると、わたしは思っています）。

数字で確認して推理する――TPP合意の裏側に、日本の農業の問題を見る

ちなみに、医療費も似たような構造で、医療費全体では、平成二六年度で約37兆円を給付していますが、一般会計からの歳出（補填）は約10兆円。残りの27兆円が、保険料、地方税などで賄われていることになります。

しかしながら、高齢化によって、こちらも、二〇二五年度には、約1・5倍の54兆円に

なることが見込まれています。早急な制度改革が必要なゆえんです。

でもなかなか、進まない。

ここには（ここにも？）、「日本医師会」などの政治が絡んできますが、話が長くなるのでそれは割愛します（もしご興味があれば、少し古い本ですが、拙著『小宮一慶の「深堀り」政経塾』（プレジデント社）をお読みください）。その代わりに、安倍首相が医療と並んで「岩盤規制」のひとつとした農業について、見てみましょう。

ようやく合意したＴＰＰ。アメリカ大統領選の行方によっては白紙に戻る可能性もありますが、とにもかくにも合意を見ました。その是非はともかく、ここまで時間がかかったのは、ご存じのとおり、ＪＡの強い反対があったからでした。ＪＡがいわば、農業における日本医師会のようなものだったわけです。

けれども、とうとう合意にいたった、ということはつまりは、日本医師会とは違って、ＪＡの力が弱まったから。つまりは、国内における農業のプレゼンスが低下した、ということが推測されます。さっそく、**数字で確認して**みましょう。

そもそも日本の農業人口が現在どのくらいか、ご存じですか？

平成二六年で226万6000人、二七年の推計値は209万人。1億2700万人の1・65％しかいません。しかも、このなかで、基幹的農業従事者、すなわち、主に農業で生計を立てている人は167万9000人。1・3％です。しかも、平成二六年の農業従事者の平均年齢は66・7歳。年々、高齢化が進んでいます。

では、生産額はどうかというと、平成二六年の、GDPに占める農業の割合は、1％をわずかに切っています。

政治家にとっての票田という意味での人口から見ても、GDPシェアに表れる経済的プレゼンスから見ても、1％前後となると、もう「切って」しまってもいいんじゃないの、という空気が自民党の中に生まれてもおかしくはないでしょう。もはや、JAが反対しても怖くない、というふうに思ったと、わたしは推測しています。

実際、その流れのなかで、このJA全中を事実上解体する法案が二〇一五年、制定されました。

JA全中が、もはや時代にそぐわない、むしろ日本の農業の発展を損なう既得権団体のようになってしまっていたのはよくいわれてきたことですし、農業人口や農業のGDPに占める割合の低下もいまに始まったことではありません。むしろここで疑問に思うのは、なぜ、これまで政治家たちは、全人口の2％も従事していない農家、というか、その集票マシーン的機能も持っていたJA全中に気を遣ってきたか、ということでしょう。

ざっくりと言えば、たとえ有権者の2％であったとしても、投票率が50％を切る現在、確実に投票してくれる組織票がそこに存在したからです。さらには、一票の格差がある。農業人口が多い地域の一票の価値は、都会の選挙区の2倍も3倍もあります。

もし、自民党が今後、積極的に一票の格差を是正しようとするようになったとしたら、それは、確実に、票田としての農業を切り捨て始めた、と見てよいでしょう。

このように、ニュースを見て、あれ？　なぜ？　と思ったら、数字を確認してみる。数字を見たら、その裏を推理してみる。

この習慣が大事です。それによって、世界がどんどん深く見えてきます。

2 数字の基礎的な知識が分かれば、世の中がもっと見える
気になる企業の決算書にも、報道されない政治の裏側が見え隠れする

ここからは、少し気分を変えて、ミクロ（企業）の話をしましょう。話題になっている大企業の公開されている決算書からも、世の中を見ることができます。

決算書の読み方については、第3章で取り上げますので、ここでは、そうか、そんなふうに数字から企業や世の中を見ることができるんだ！　ということを体験していただければと思います。会計の数字に慣れると、企業の状況だけでなく、世の中のことも分かることがあります。

取り上げるのは、東京電力（ホールディングス）です。現在も廃炉に向けての冷却作業が進められ、汚染水が海に流れ出ないための工事に手間取る東京電力は、いまも多額の損

害賠償を支払い続けているはず、きっと台所は火の車だろう、と思いきや！

なんと、大儲けしているって、ご存じですか？

さっそく、決算書のうちの「損益計算書」（２０１6年3月期）を見てみましょう。

東京電力は、なぜいまも大儲け？　賠償金を払っているのは結局、誰？

売上高（営業収益）は、約6兆円です。ご注目いただきたいのは、①と記した部分。営業利益です。これが、３７２２億円。しかも、前年より18％も増えている！　さらには、一番下の当期純利益を見ると、１４０7億円！

いったいどういうことでしょう？　不思議に思いませんか？（腹も立ってくるはず。）

そこで、②の「特別損失」のところを見てください。９１１9億円。これが内訳にもあるように、主に福島原発事故関連の支出ですね。当初の損害は、5兆5９００億円と言われています。

順調に利益から支払ってきているということでしょうか？

(2)連結損益計算書及び連結包括利益計算書

（連結損益計算書）

（単位：百万円）

	前連結会計年度（平成26年4月1日から平成27年3月31日まで）	当連結会計年度（平成27年4月1日から平成28年3月31日まで）
営業収益	6,802,464	6,069,928
電気事業営業収益	6,497,627	5,791,368
その他事業営業収益	304,836	278,560
営業費用	6,485,929	5,697,696
電気事業営業費用	6,224,813	5,463,460
その他事業営業費用	261,116	234,236
営業利益	316,534	372,231 ①
営業外収益	48,985	71,154
受取配当金	3,112	5,802
受取利息	18,181	18,555
持分法による投資利益	15,112	22,945
為替差益	－	7,698
その他	12,578	16,151
営業外費用	157,504	117,447
支払利息	99,089	87,035
為替差損	35,074	－
その他	23,341	30,412
当期経常収益合計	6,851,449	6,141,082
当期経常費用合計	6,643,434	5,815,143
当期経常利益	208,015	325,938
原子力発電工事償却準備金引当又は取崩し	511	411
原子力発電工事償却準備金引当	511	411
特別利益	887,777	773,073
原賠・廃炉等支援機構資金交付金	868,535	699,767 ③
固定資産売却益	19,242-	
退職給付制度改定益	－	61,091
持分変動利益	－	12,214
特別損失	616,258	911,993 ②
原子力損害賠償費	595,940	678,661
使用済燃料中間貯蔵関連損失	20,318	－
減損損失	－	233,331
税金等調整前当期純利益	479,022	186,607
法人税、住民税及び事業税	24,351	46,042
法人税等調整額	△221	△1,725
法人税等合計	24,129	44,317
当期純利益	454,892	142,290
非支配株主に帰属する当期純利益	3,339	1,506
親会社株主に帰属する当期純利益	451,552	140,783

次に、③と記したところをご覧ください。

特別利益のうちの「原賠・廃炉等支援機構資金交付金」として、６９９７億円！　前年は、８６８５億円。

なんと、賠償金分の補填を受けている！

その結果の純利益であった、ということです。


では、その交付金はどこから出ているのか？「原子力損害賠償・廃炉等支援機構」とは何なのか？

それは、当初は沖縄電力を除く各電力会社、つまり原子力発電所を運営している電力会社各社が拠出するつもりだったものの、あまりにも巨額となるため、現状は政府保証などによる資金調達がほとんどとなっている機構で、いずれにしても国民負担によるものです。

そこから交付金を受けて、東電は巨額の利益を出している！　あれだけのことをしながら！　なんとなく納得しがたいのはわたしだけでしょうか？

もう少しみなさん、声を上げて怒りを表明してもいいと思うのですが、こうやって決算書を見ることもないからでしょうか……。

貸借対照表から、東電が是が非でも原発を再稼働したい理由を見る

というわけで、莫大な賠償金も結局交付金で回して利益を出し続けている東電ですが、実は、福島原発事故で、財務的にもっとも打撃を受けたのは、関西電力と九州電力でした。いずれも決算書を見れば分かります。ともに一時は大きな赤字に転落しました。

なぜか、というと、原発依存度の違いです。

原発事故のあと、一時はすべての原発が稼働を停止しました。いまもほとんどが停止しています。その結果、ほかのコスト高になる発電所を利用して発電せざるを得ません。そんななか、もっとも原発依存度が高かったのが関西電力と九州電力だったのです。東京電力がさほど営業収益に影響を受けなかったのは、もともと原発依存率は30％ほどだったからでした。

けれども、東京電力は、世論の批判を受けてもなお、新潟県の柏崎刈羽の原発を再稼働しようと懸命です。なぜでしょうか？

それもやはり、決算書を見れば分かります。今度は、貸借対照表を見ます。

ところで、決算書のうち、先に見た「損益計算書」のほうは、要するに、収入と支出、その差額の利益、それぞれの内訳、ということで、基本、家計簿と同じなので素人の方にも分かりやすいと思いますが、「貸借対照表」のほうは、見慣れない方にはちょっと戸惑うものかもしれません。

一目で決算書が読めるようになる方法については、あとの章で特別にお話ししますので、ここではまずは、ざっと読み進めてみてください（仕組みが分からないまま読むのはどうしてもイヤだ、という方は、先に第3章をお読みになってから、こちらに戻ってきてください）。

貸借対照表というのは、大きく「資産の部」と「負債及び純資産（資本）の部」に分かれるのですが、こちらで使うのは「資産の部」のほうです。

ちなみに、「資産」と「負債及び純資産（資本）」は同じ金額になります。それが、貸借対照表を英語では、バランスシート（BS：Balance Sheet）と呼ぶ理由です（なお、損益計算書は、英語ではＰＬ。Profit and Loss Statementの略です）。

負債と資産なら分かるけれど、なぜ、負債と純資産の合計が、資産といっしょ？　とか、純資産と資産はどう違うんだ？　といったことは、脇に置いて、あるいは、第3章を先にご覧いただいて、ということで、話を進めます。

さて、「資産」とは簡単に言えば、会社の財産です。それを分類して表記してあるのです。表を見ると分かるように、資産は、「固定資産」と「流動資産」に分かれます。流動資産は、文字どおり流動的な、現金・預金・売掛金・手形など。固定資産は、土地・建物など長期にわたって保有するものです。

一般的に、流動資産が先に来る場合が多いのですが、東京電力のような電力会社の場合は、固定資産が上です。流動資産2兆3385億円に対し、固定資産11兆3212億円と、固定資産のほうがずっと大きく、項目も多いからです。

ここで注目していただきたいのは、①の原子力発電設備7224億円と、②の核燃料7513億円。核燃料のうちの大半が、加工中等核燃料で、6309億円。ともかく、直接原発に関わる資産だけでも、簿価ベースで、約1兆4700億円あるわけです。

東京電力ホールディングス㈱(9501)平成28年3月期　決算短信

5.連結財務諸表

(1)連結貸借対照表

（単位：百万円）

	前連結会計年度 （平成27年3月31日）	当連結会計年度 （平成28年3月31日）	
資産の部			
固定資産	11,799,025	11,321,208	
電気事業固定資産	7,167,106	6,870,556	
水力発電設備	619,404	441,666	
汽力発電設備	1,178,894	1,080,724	
原子力発電設備	644,958	722,445	①
送電設備	1,825,179	1,760,121	
変電設備	716,116	696,101	
配電設備	2,039,927	2,019,249	
その他の電気事業固定資産	142,627	150,248	
その他の固定資産	253,282	221,731	
固定資産仮勘定	767,142	838,467	
建設仮勘定及び除却仮勘定	767,142	838,467	
核燃料	782,906	751,384	②
装荷核燃料	123,390	120,473	
加工中等核燃料	659,515	630,911	
投資その他の資産	2,828,588	2,639,068	
長期投資	141,439	135,940	
使用済燃料再処理等積立金	961,910	894,547	
未収原賠・廃炉等支援機構資金交付金	926,079	755,861	
退職給付に係る資産	121,232	117,375	
その他	679,197	736,881	
貸倒引当金（貸方）	△1,271	△1,538	
流動資産	2,413,652	2,338,560	
現金及び預金	1,394,289	1,423,672	
受取手形及び売掛金	546,983	488,109	
たな卸資産	224,706	194,453	
その他	252,621	246,315	
貸倒引当金（貸方）	△4,947	△13,990	
合計	14,212,677	13,659,769	

もし、このまま原発廃止ということになると、かなりの部分の価値を下げなくてはいけなくなります。すると、決算上、その分、損失になります。それは困るわけです。

もちろん、損失が出たからといって現金がなくなるわけではありません。ただ、会社の価値が下がり、株価が下がるだけのことです。

それならいいじゃないかと思いますが、株価が下がると、困る人がいるわけです。誰が損するのか？　株主です。株主だけが損をします。

では、株主は誰か？

といえば、筆頭株主は、先ほども出てきた「原子力損害賠償・廃炉等支援機構」で、先に述べたように、各電力会社のほか、国も出資しています。実は、原発事故当初、やはり現金が不足してしまって、政府が1兆円分、お金を入れました。要するに税金、国民のお金です。それによって、資金繰りがつきました。

税金を投入したのに潰すわけにはいかない、ということなのでしょうが、そもそも税金を入れる前に、ＪＡＬのようにいったん破綻させてそれから公的資金を入れてもよかったのではないか、とわたしは思っています。

と、これ以上書くと、どんどん熱くなってきてしまいますので、このへんでやめておきます。

ともかく、多くの人が忘れてしまっているかもしれませんが、その間に、東電は大儲けしている、元はといえば、わたしたちの税金を使って。さらに、巨額の資産を減損させないためにも原発を再稼働しようとしている。

これらのことが、たとえ報道機関が報道しなくても、わたしたちは、決算書から読み取ることができる、ということだけ、ご理解いただければと思います。

そう、数字を見れば、世の中が見えるのです。
それも、公開されている数字だけで。

自社やライバル会社の貸借対照表や損益計算書を見たことがありますか⁉ もちろん、東電のような問題を起こした会社は少ないとは思いますが、ちょっと興味が湧きませんか？

読み方が分からなければ、第３章を。自社やライバル会社のことがもっとよく分かるようになると思います。

3 数字を関連づけて、仮説を立ててみよう

異次元緩和の出口はゆうちょ？ 「貯蓄から投資へ」は、日本を救うか？

そろそろ第1章も終わりに近づいてきました。ここからはこの章の仕上げとして、もう一度、マクロ経済の話を取り上げます。

「はじめに」で、「数字力」の要素として、「関連づけ力」というのを挙げました。複数の数字を関連づけて、自分なりの仮説を立てる力です。

ここでは、その例をお見せしましょう。ただし、ここで示すのは、あくまでもわたしの仮説です。

日銀の異次元緩和の出口は？ 日本郵政の上場との関係は？

この話をする前提として、日銀の異次元緩和の話を少しさせてください。二〇一三年四月から日銀は、異次元緩和を始めました。詳細は煩雑になるので省きますが、「マネタリーベース」を倍以上に増やしたのです。「マネタリーベース」とは、日銀券と民間金融機関が日銀に預ける「日銀当座預金」の合計で、言い方を換えれば、日銀が直接コントロールすることのできる資金量です。

異次元緩和当初、日銀券約85兆円、日銀当座預金約50兆円（＝合計１３５兆円）だったものが、現在では３００兆円を超えています。その増加の大部分は日銀当座預金の増加です。民間金融機関が保有する国債を日銀が買い上げて、その対価を日銀当座預金に入金することによって、マネタリーベースを増やしたのです。

つまり、日銀は、１００兆円単位で国債を買ったのです。

こうして、以前からの保有分も含め、現状では約３５０兆円の国債を抱えてしまった日銀、今後、どうするのでしょうか？

黒田総裁の前の白川総裁のころまでは、「日銀券ルール」という暗黙の了解がありました。どういうルールかというと、日銀券の発券残高と同額程度までしか国債は持たない、というものです。そして保有する国債も、残存期間が三年未満の国債しか持たない、というものでした。これは、国債が株式同様価格変動をする、そして残存期間が長ければ長いほど価格変動リスクが高いからで、中央銀行である日銀に、価格変動リスクのある国債を、過度に、そして長期にわたって抱え込ませておくのはリスクが大きいからです。

それがいまや日銀は、日銀券の3倍以上の、350兆円程度国債を持っています。残存期間が一〇年を超える国債も持っています。民間金融機関が持つリスクを日銀が引き受ける形になっているわけです。

これは日銀にとっても、日本経済にとっても健全なことではありません。もし、国債の価格が大きく下落するようなことがあれば、銀行の銀行であり、発券銀行の日銀の信認が揺らぎかねないからです。金融システムが不安定になり、場合によっては日銀券（通貨）の信認も揺らぎます。いずれは、国債の保有額を日銀券の発券残高を少し超える100兆円程度まで落とさなければならないのです。

ここでわたしが推理しているのが、「ゆうちょ銀行」を出口にすることです。完全にわたしの個人的見解ですので、ここからは「数字力」のトレーニングとして読み進めてください。

いまでこそ、日銀が国債の最大の保有者ですが、以前は「ゆうちょ」でした。多いときで、１７０兆円、いまでもだいたい１００兆円ぐらいを保有しています。

では、ゆうちょ銀行が国債を買う原資は何かといえば、言うまでもなくわたしたちが預ける郵便貯金です。ただ、それには、従来一人あたり１０００万円という限度額があって、国債を買うことはもうこれ以上大きくは増やせない。

そこで、現在浮上しているのが、この限度額を引き上げよう、という動きなのです。

昨年、自民党の組織票の一部を担う、ゆうちょの特定郵便局長会で、限度額を３０００万円まで上げようという意見が出ました。ただ、これには、民間の金融機関が猛反対。それはそうですよね、国の後ろ盾のあるゆうちょに、特に地方銀行など太刀打ちできない。預金者を取られてしまいます。そこで、１３００万円で決着したわけですが、ここへもってきて、また、３０００万円まで上げましょう、という話が出てきているのです。

それが実現すれば、１００兆円単位の国債をゆうちょ銀行に引き受けさせることができます。ゆうちょ銀行は国債を満期まで保有するのが原則ですから、国債がデフォルト（債務不履行）にでもならない限り、価格変動リスクもありません。いずれにしても、中央銀行が保有するよりはずっと金融システムにとって安全なわけです。

現在、国民の金融資産の合計がいくらか、ご存じですか？

約１７００兆円（正確には２０１５年末で、１７４１兆円）です。そのうち預貯金は、約半分の９００兆円弱。預貯金をゆうちょ銀行に誘導することで、日銀が保有する国債をゆうちょ銀行に移管しようということだと考えるわけです。

いかがですか？　仮説としては成り立つとは思いませんか？

ただ、実は、国民の貯蓄率は現在マイナスになっていますから、いずれにしても、それほど長く続けられるわけではありませんが……。

貯蓄から投資へ、ＮＩＳＡは亡国の仕組み

もうひとつ、数字の関連づけのお話です。

ここまで見たように、国債の引き受け原資として国民の預貯金（民間金融機関が国債を買っている原資も、当然のことながら、わたしたちの預貯金です）をあてにしていながら、一方でそれと矛盾する政策も打ち出されています。NISA（少額投資非課税制度）です。この限度額が累計600万円。一人600万円までなら、株式投資等が無税になるというもので、貯蓄から投資へ、の掛け声のもと、二〇一四年から始まりました。

けれども、もともと貯蓄率がマイナスのなかで、もし、労働力人口約6600万人の全員が、600万円を貯蓄から株式に回したら、どうなると思います？（実際はジュニアNISAまであります。）

瞬間的に暗算できますか？　ちょっと桁が多くてたいへんですね。

6600万人×600万円は？

そう、396兆円です。現在のところ、まだ数兆円レベルですので、だいじょうぶですけれど、もし本当に、預貯金が100兆円単位で株式や投資信託に移動してしまったら、大量に国債を買っている銀行から資金が抜けるので、誰が国債を買うのでしょう?

もちろん、預貯金は富裕層が偏って持っており（こういう分布を統計では「べき分布」といいます。「正規分布」と違い、偏りがあるのです）、労働力人口である約６６００万人が平等に６００万円を持っていて、それをＮＩＳＡに移管するとは思えませんが、それでも、多くの人がＮＩＳＡを利用し始めたら、１００兆円単位でお金が動くとも考えられます。

これも、株価を上げたいための（「官製相場」といわれるゆえんの）ことでしょうが、こんなに矛盾した政策はありません。


もうひとつ数字のトレーニングをしましょう。

先ほど、個人の金融資産のうち預貯金は約９００兆円弱だと話しました。もし、これに3％程度の金利がついていれば年に約27兆円になりますね（ちなみにわたしが東京銀行に就職した当時の一年ものの金利は5％台、三年もので7％台でした）。

預金をしている人は、その金利を失っているともいえます。その分は、借り手の側の企業や人に移転しているのです。もちろん、個人でも住宅ローンなどでメリットがありますが、預貯金の多い高齢者などは実は大きく損をしている、ということは見逃されがちです。

＊＊＊

ここまでお話しした話題のすべては、普通に新聞、テレビのニュースで報道されていることです。でも、たとえば、ＮＩＳＡのことを知って、もし全員が貯蓄から乗り換えたらどうなるか？　と、その危険を察知するには、まず、国債が結局は、銀行やゆうちょ銀行を通じて、国民の預貯金によって買われていること、そして、主にその国債による国の借金の残高が１０００兆円以上になっていること、国民の金融資産は全部で１７００兆円強であり、現在、預貯金は約半分の９００兆円程度であること、あるいは、労働力人口は６６００万人であることなどの「基本的な数字」を知っていることが必要になってきます。

ここで使った主な「基本的な数字」を挙げてみますと、

①国家予算　約97兆円
②社会保障費　約32兆円
③社会保障給付金　約１０７兆円

④国民の金融資産の総額　約１７００兆円
⑤うち、預貯金の総額　約９００兆円
⑥日銀が持っている国債　約３５０兆円
⑦ゆうちょが持っている国債　約１００兆円
⑧労働力人口　約６６００万人
⑨農業人口　約２００万人
⑩名目国内総生産　約５００兆円

あとの章で詳しくご紹介しますが、「数字力」には、いくつかの「基本的な数字」を知っていることが求められます。もちろん、すべてを覚えていなくてもいいのですが、

そもそも数字を知ろうと関心を持つということが重要です。
そして、数字によって、具体的に物事を考える。
さらに、その際に全体の数字を知る、関連づける

ことが重要です。それが、「数字力」です。

それは、日々、新聞やテレビ、ネットの情報に触れたときに、数字を見る、確認する、という習慣を持つだけで格段に身につくようになります（そのコツは第4章以下で具体的に説明しますが、第2章、第3章でも実例を交えながらポイントを押さえていきますので、丁寧に読んでいってください）。

さらには、マクロ経済だけでなく自分の身の回りの数字を確認する習慣を持つことも大切です。

来月、給与明細をもらったら、社会保険料を確認してください。手取り額や残業代だけでなく、税金や社会保険料も確認することです。

そして、あなたの会社（あるいは部門）の売上高や利益もぜひ知ってください。さらには、属する業界全体も調べてください。大切なのは関心を持つことです。

なぜ業界全体の数字が大切か分かりますか？

それは「シェア」を知るためです。

全体の中での位置づけを知ることが大切なのです。

そうすれば、どういう戦略を取ればいいかも分かってきますね。業界内のポジションによって戦略はおのずと違ってくるからです。

自社（あるいは自部門）が増収増益であったとしても、業界全体や主要ライバルの伸び率が高ければ、シェアは落ちているはずです。そうすると、業界内での価格決定力やポジションが下がっている可能性があります。

全体の中での位置づけを知る。
そのためには、全体の数字を知ることが大切です。

では、どうすれば、ここで見たように、数字から世の中や自社のことを見ることができるようになるのか？　いよいよ次の章から、その具体的なノウハウをお伝えしていきましょう。

第2章

基本的な「経済」の数字と定義を知る

経済の数字から、日本の現状と将来が見える

「はじめに」や第1章で、数字から世の中を見る方法の一端をご覧に入れましたが、そこからもお分かりのように、ある程度の「基本的な数字」を知っていないと、そもそも疑問や問題意識が湧いてきません。調べればいいという以前に、関心が湧かないし、発想力も湧かない。頭のデータベースに入っていないものは、発想に使えないのです。

たとえば、現在、日本の抱える最大の課題といえば、やはり少子高齢化、人口減少でしょう。膨らむ一方の赤字国債の累積も、GDPの低下も、労働力人口の減少によるところが大きい。では、現在の日本の人口は？　これを知らなければ、お話になりませんね。

基本的な数字を知っておく、これは、「数字力の基本」のもっともベースになります。

基本的な数字には、GDPや国家予算などのマクロの数字、いわゆる「経済」の数字と、決算書に代表されるような「会計」の数字がありますが、この章ではまず、「経済」の数字を挙げていきます。

「はじめに」や第1章で取り上げた数字の重複も多いので、本書を読み終わったときには自然に「基本的な数字」が身についていることと思いますが、まずは、手帳などにメモしていただければ確実でしょう。それと同時に、日本の課題なども認識してください。

欲を言うときりがないので、ビジネスマンなら必ず知っておきたい経済の数字を、次の五つに絞ってみました。即答できますか？（これまでに出てきましたね。復習です）

１　日本の人口
２　日本のＧＤＰ
３　日本の国家予算
４　世界の人口
５　世界のＧＤＰ

さらには、ついでに、
日本の労働力人口は？
日本の一人あたりの平均給与は？
日本の高齢化率は？

では、まずは日本の人口から始めましょう。

1 日本の人口

少子高齢化、この現代日本最大の課題は、出生率から分かっていたことなのに、どうしてこれまで手がつけられないできたのか？

国勢調査は五年に一回、大規模な調査ですと一〇年に一回しかないので、推計値ですが、現在だいたい**1億2660万人**だろうといわれています。

昨年一年間で、30万人以上減っています。昨年生まれた子どもの数は、約100万5600人。そして、亡くなった人の数が130万人強。一昨年は、生まれた子どもの数が100万1000人で、亡くなった人の数が127万人。ときどき新聞に載るこうした推定値から計算すると、だいたいこのところ、人口は30万人ずつ減っているのが分かります（わたしは、このような数字が新聞に載ったとき、すぐに手帳にメモします）。

ただし、団塊の世代の方たちが亡くなり始めるころには、毎年100万人単位で減るでしょうね。なぜなら、団塊の世代の方は一学年200万人単位、多い学年だと現在でも約240万人いらっしゃいますが、このところ、生まれる子どもの数は100万人程度。

今年成人式を迎えた人が120万人なのですが、多少出生率が上がって、そこまで戻ったとしても、やはり人口は毎年100万人単位で減少していくでしょう。

政府は、放っておくと、数十年後には8000万人台になってしまう（105ページのグラフをご参照ください）ので、1億人というのを目標にしているわけではありますが……。

GDP的に見てみましょう。

いま団塊の世代の人たちは退職しても元気で、退職金がある程度入ってきて、経済的にある程度余裕があるため、GDPには消費面で貢献しています。退職の記念品や旅行、家のリフォームなどです。といっても、モノよりはコト消費、いわゆるイベント消費が多いようです。で、わたしが懸念しているのは、あと一〇年も経つと、もう旅行するのも体力的にしんどいな、という人たちが結構出てくるだろうということです。

わたしと同学年の人（一九五七年生まれ）は、生まれた数でいうと、156万人ですが、すでに10万人以上が亡くなっているはずなので、現在140万人ぐらいだと思います。そして、そういうわたしたち世代も、一〇年以内に、年金受給者となります。

つまり、今後、人口が格段に減っていくことは間違いない。消費も減っていく。したがって、GDPの伸びも期待できない。その一方で、この先数十年にわたり、若い人たちの社会保険料負担と税負担が増えていく。これも可処分所得が減りますから、GDPの減少要因です。この構造をどう変えていくかが、現在の最大の課題なのです。

この課題がむずかしいところは、経済が安定しないと子どもが増えない、という点にあります。それでなくても、子どもを産まない理由としては、経済的理由が大きいのに、経済が安定しない現在、将来不安のなかで進んで子どもを産む人が増えるとは思えません。

そのような状況のなかで、アベノミクスでGDPを600兆円に、などというのは、机上の空論だと言わざるを得ないでしょう。

それにしても、九〇年代初頭に、すでに（合計特殊出生率）「1・55ショック」というものがあり、こうした事態は分かっていました。そして、現状の合計特殊出生率は1・46です。それなのになぜ、抜本的な少子化対策が取られてこなかったのでしょうか？

答えは簡単、票にならないからです。いまになって、背に腹は代えられなくなったのでしょう、ようやく待機児童や保育所の問題が国会でも討議されるようになりましたが、合計特殊出生率が回復しつつあるヨーロッパ諸国でも筆頭のフランスでは、保育、学費など、多くの育児、教育費が無償。いまや50％を超える非嫡出子が、それらにおいて不利になることもありません。

ただ、ベースのところで、経済が豊かでないと支えきれないでしょうね。フランスも経済がひどいと思われるかもしれませんが、一人あたりのＧＤＰは、日本よりずっといい。同様に出生率が大きく回復したデンマークやスウェーデンなどの北欧諸国もそうです。少子化対策もとったのですが、基本は経済がよくなったからです。

かたや日本では、介護もそうですが、経済の足腰をいかに強くするかというところが、ずっとなおざりになっているのです。

ですから、とにかく、名目ＧＤＰを上げることです。それ以外に根本的な方法はないと思います。

ついでに知っておこう！

日本の労働力人口

さて、日本の人口1億2660万人のうち、労働人口、正確には、「労働力人口」は、どのくらいなのか、お分かりですか？　というか、覚えていらっしゃいますか？（第1章で触れています。）

最近の統計では、**6548万人**です。現在日本の人口は、1億2660万人ですから、ざっくり半分と覚えておけばいいでしょう。

では、そもそも労働力人口の定義は？

一五歳から六四歳の男女の人口？　いいえ、違います。それは生産年齢人口です。

働いている人と働く意思があって働いていない人、

つまり失業者の数を足したものが労働力人口です。

一五歳以上でも働いていない学生などは含まれませんし、逆に、六五歳以上でも現役でバリバリ働いている人はいるわけで、そういう人たちも、労働力人口には含まれます。

それが、６５４８万人。人口の半分の６３００万人より少し多いですが、この中には、約２００万人強の失業者（働く意思があるのに働いていない人）が含まれますので、働いている人は、本当にちょうど人口の半分になりますね。

問題は、人口が減るより速いスピードで、この労働力人口が減っていくことが予想されることです。少なくとも、生産年齢人口は急激に減っていきます。となると、現在働いていない人、特に子育て中で働いていない女性や六五歳以上の方にどれだけ働き続けてもらうか、ということなのですが……。

2 日本のGDP

GDPの計算式、名目GDPと実質GDPの違いが分かりますか？

アベノミクス「二〇二〇年名目GDP600兆円」をどう解釈するか？

アベノミクスの第二弾で、安倍首相は、「二〇二〇年に名目GDPを600兆円にします」ということを発表しました。

では、そもそも「名目GDP」とは何なのでしょうか？　そして、現在の名目GDPはいくらなのか？

それが分からないと、その発言の意味も分かりませんし、評価もできませんね。

まず、日本のGDPについては、すでに何度も触れているのでお分かりかと思います。だいたい500兆円。ドルでいうと4・5〜4・6兆ドルです。

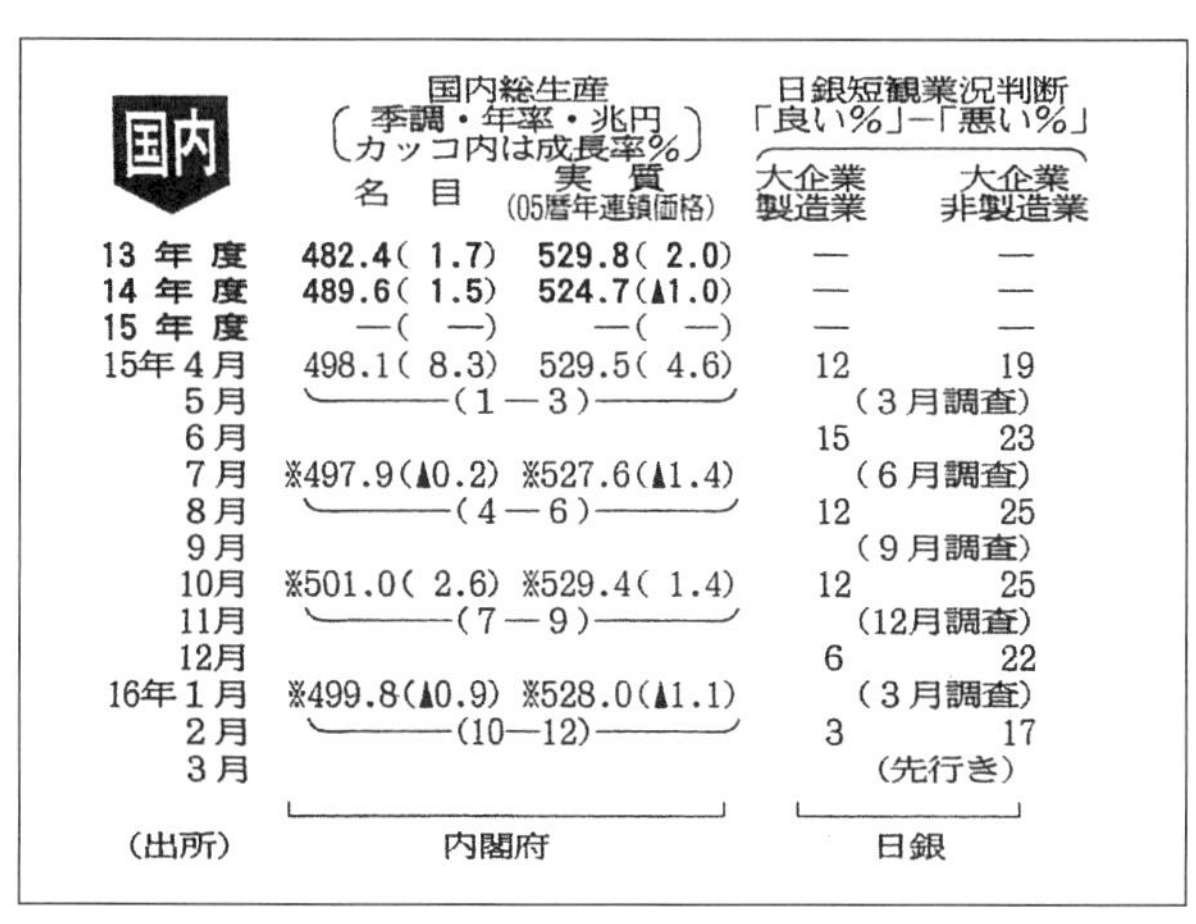

国内

	国内総生産（季調・年率・兆円 カッコ内は成長率％）名目	実質（05暦年連鎖価格）	日銀短観業況判断「良い％」－「悪い％」大企業製造業	大企業非製造業
13年度	482.4(1.7)	529.8(2.0)	—	—
14年度	489.6(1.5)	524.7(▲1.0)	—	—
15年度	—(—)	—(—)	—	—
15年4月	498.1(8.3)	529.5(4.6)	12	19
5月	(1—3)		(3月調査)	
6月			15	23
7月	※497.9(▲0.2)	※527.6(▲1.4)	(6月調査)	
8月	(4—6)		12	25
9月			(9月調査)	
10月	※501.0(2.6)	※529.4(1.4)	12	25
11月	(7—9)		(12月調査)	
12月			6	22
16年1月	※499.8(▲0.9)	※528.0(▲1.1)	(3月調査)	
2月	(10—12)		3	17
3月			(先行き)	
(出所)	内閣府		日銀	

日本経済新聞2016年5月9日

日経新聞の月曜日の「景気指標」欄のトップに、毎週出ています。

では、そもそもＧＤＰとは何でしょう？

どうやって計算しているのでしょう？

言うまでもなく、ＧＤＰとは、国内総生産（Gross Domestic Product）の略です。

新聞の国内総生産のところには、「名目」と「実質」の二つが書いてあります。ＧＤＰには、「名目ＧＤＰ」と「実質ＧＤＰ」の二つがあるのです。

では、その違いは何かというと、「名目」は実額です。

表には、直近の数字の年換算額での名目で４９９・８兆円と書いてあります。

ざっくり５００兆円ということです。

一方、「実質」の下に小さい字で「05暦年連鎖価格」とあるように、平たく言えば、**「実質」は二〇〇五年の貨幣価値で見たら、いくらになるのか、ということ**。この場合、割り出された金額よりも、**括弧内の成長率が重要**になります。

それでは、名目国内総生産（名目ＧＤＰ）というのは何なのか？　というと——。

その期間に、日本なら日本でつくり出された付加価値の合計。

式にすれば、

付加価値＝売上高　−　仕入れ

国内総生産＝国内の付加価値の総計

つまり、**売上げから仕入れを引いたものが付加価値で、それを全部足したものが名目国内総生産**なのです。

（ちなみに、企業の損益計算書で、売上高から売上原価を引いたものが「売上総利益」ですが、小売業や卸売業の場合は「売上総利益」が付加価値です。売上原価に人件費や減価償却費が含まれる製造業などは、それらを売上総利益に足し戻したものです。）

だから、これは最終製品やサービスの合計価格に一致します。A社がB社に物を売って、B社がC社に物を売って、としていったときに、付加価値だけを全部足すと、最終製品の値段になる、というわけです。

ここまでは、いいですね？

「**基本的な数字**」**を知る**、「**数字の定義**」**を知る**、という点では、ここまででいいのですが、このGDPを増やすとはどういうことなのか？　いったいその実現可能性はどの程度なのか？　もう一歩進めて考えなければなりません。

そのためにまず、これまでの推移を見ます。

将来の数字を予測するには、

過去からの推移を見る。

これは基本中の基本です。どんな数字でも最低、昨年と一昨年くらいの推移を見る必要がありますが、この場合は、GDPですので、もっと長いスパンで見なければなりません。

で、調べると、日本の名目GDPは一九九〇年代初頭からほとんど上がっていないことが分かります。八〇年代の後半のすさまじいバブルの後、この二〇数年間、この国のGDPが500兆円前後で全く伸びていないこと、その大部分を自民党政権が担っていたことを考えれば、二〇二〇年までにGDPが600兆円に達するという可能性はほぼゼロだということが考えられます。

なおかつ、いまのところの予定では（さすがに怪しくなってきてはいますが）、二〇一七年の四月に消費税まで上げると言っているわけですから、本当に矛盾した政策だということが分かるわけです。

日本の名目GDPの推移

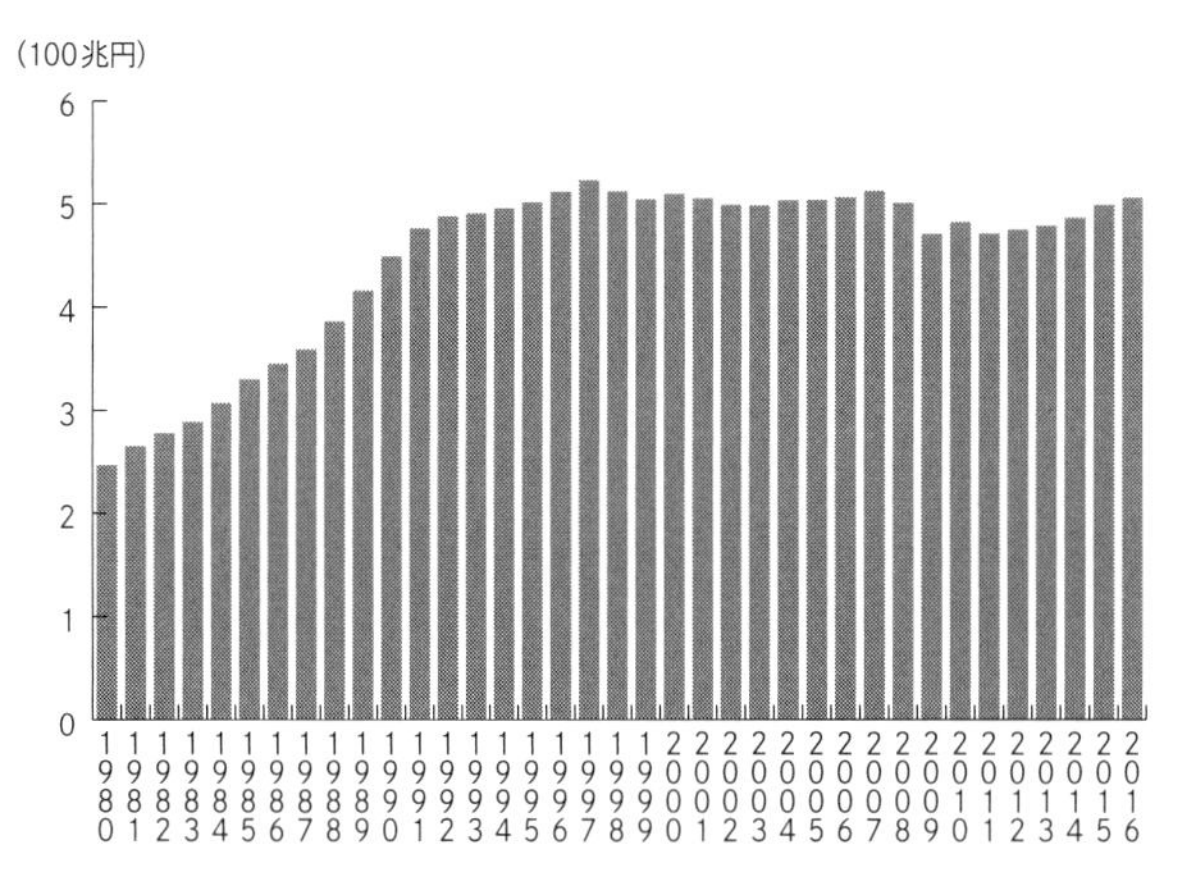

出典：内閣府GDPO統計より

ただ、ひとつだけ若干上昇する可能性があります。何だと思いますか？

なんと、GDPの統計の取り方を変える予定なのです！

GDP統計の算出方法は国際的に統一されており、統計を最新のものに変えるだけで、だいたい20兆円分ぐらいは上乗せできるのではないかといわれています。

だからといって、実体経済がよくなるわけではないのですが、ともかく、それで20兆円上げる。でも、残りの80兆円については全く目途が立っていません。

アベノミクスでは、第一が異次元緩和、第二が財政出動、第三が成長戦略という三本の矢を当初打ち出しましたが、もっとも重要な三番目の成長戦略については、結局何も本質的な手は打てないでいます（生乳の規制緩和すらできませんでした）。ほとんど何も出てきていない状況で600兆円まで持っていくというのは、むずかしいでしょう。ましてや、アメリカの大統領選の行方によってはTPPも怪しい状況です。

黒田日銀総裁がインフレ率2％ということを言っているので、2％ずつ通貨が膨張していけば、それによって600兆円も可能かな、と考えたのかもしれませんが、異次元緩和をやってもマイナス金利をやってもインフレ率は現在、ほぼゼロの状態。

通貨の膨張だけでGDPを増やすなんていうのは、無理なのです。本質的な経済の成長が必要で、それには成長戦略が必要なのです。

GDPの6割は働く人に

さて、ここで、ちょっと視点を変えて、GDPに表される付加価値の総計が、どのように分配され、循環していくのかを見てみましょう。

まず、企業で見た場合、付加価値の中からもっとも多く支払われているのは、わたしが知っている限りのすべての会社で、人件費です。

この付加価値に占める人件費の割合を「**労働分配率**」といいます。

日本全体で見ると、年によって多少の変動はありますが、だいたい６割ぐらいが働く人に分配されています（厳密に言えば、ＧＤＰ統計を見れば、「雇用者報酬」としてＧＤＰの約５割＝約２５０兆円が計上されていますが、これには、自営業者などの収入が加味されていません）。

６割というのは、５００×０・6で、３００兆円。

これを、働く人の数で割れば、一人あたりの人件費が出ます。

先に書いたように、働く人は人口の約半分。６３５０万人。正規も非正規も、農業も自営業も、パートもすべて含めてです。

すると、300兆円÷6350万人で、平均472万円。

ちょっと多すぎる、そんなにもらっていない、という声が聞こえてきそうですが、これは、人件費であって、給与ではないことに注意してください。人件費の中には、会社が負担する社会保険、福利厚生費等々、すべてが含まれるからです。

ちなみに、残り4割程度を、企業は、未来への投資と社内留保、そして、株主への配当、税金という形で分配していきます。

「現金給与総額」が上がらないから、GDPが増えない？

GDPというのは、国内総生産の名のとおり、商品（サービスを含む）を供給する側から計算したものですが、付加価値の総計、というからには買い手がいるわけです。

消費の側から見てみましょう。いったい、誰が買っているのでしょうか？

内訳は次になります。

	現金給与総額 全産業 前年比	所定外労働時間 全産業 前年比	常用雇用指数 全産業 前年比	有効求人倍率（季調・倍）	完全失業率（季調・%）	消費支出 2人以上世帯 前年比
13年度	▲0.2	4.8	0.9	0.97	3.9	0.9
14年度	0.5	2.0	1.7	1.11	3.5	▲5.1
15年度	—	—	—	1.23	3.3	—
15年5月	0.7	▲1.7	2.0	1.18	3.3	4.8
6月	▲2.5	▲0.8	2.1	1.19	3.4	▲2.0
7月	0.9	▲0.7	2.0	1.21	3.3	▲0.2
8月	0.4	▲0.8	2.0	1.22	3.4	2.9
9月	0.4	▲0.8	2.0	1.23	3.4	▲0.4
10月	0.7	▲0.8	2.2	1.24	3.2	▲2.4
11月	0.0	▲0.9	2.1	1.26	3.3	▲2.9
12月	0.0	▲0.9	2.3	1.27	3.3	▲4.4
16年1月	0.0	▲2.8	2.1	1.28	3.2	▲3.1
2月	0.7	▲1.9	1.9	1.28	3.3	1.2
3月	※1.4	※▲1.8	※2.2	1.30	3.2	▲5.3
4月	—	—	—	—	—	—
前年比（%）						
（出所）	厚生労働省				総務省	

日本経済新聞2016年5月9日

消費（主に家計）　約60％弱
投資（主に企業）　約20％
政府の消費　約20％強
外国人（輸出入の差）　ほぼ0

さて、ここへきてまた政府は、「賃上げしろ」「賃上げしろ」と言っていますが、すでに、GDPの6割は分配されているわけですから、GDP全体が上がらなければ、分配するお金も上げようがありません。

政府がなぜまた、賃上げを促し始めたかは、日経新聞の経済指標のなかの「現金給与総額」を見れば分かります。二〇一五年の終わりからここ半年ほど伸びが止まっているからです。

ただ、ここで注意しなければならないのは、「現金給与総額」というのは、日本で配られているすべての給与の総額のことではない、ということです。

給与は、通常、基本給などの「所定内賃金」と残業代等の「所定外賃金」、それに「賞与」が加わります。その総額について、厚生労働省が毎月、膨大な数のサンプル調査をし、各業種ごと、それから正規・非正規ごとに、全部実額で出しており、それがこの「現金給与総額」というわけです。

貿易収支とGDPの関係は？

ところで、海外製品の場合、たとえば、小売業者が100万円で輸入したものを120万円で売ると、20万円だけが付加価値としてGDPに入ってきます。国内製品のようなそれに先立つ仕入れの連鎖はありません。国内で消費されているものは、GDPと輸入の合計ですから、これを式に書くと、次のようになります。

GDP＋輸入＝家計＋企業＋政府＋輸出

この式は、ＧＤＰ（国内でつくり出したもの）と輸入したものは、家計と企業、政府、そして海外の人が買っているということを意味しています。

そして、輸入を＝の下に持ってくると、

ＧＤＰ＝家計＋企業＋政府＋輸出－輸入

この輸出－輸入（純輸出といいます）を括弧にくくると、

ＧＤＰ＝家計＋企業＋政府＋（輸出－輸入）

これがＧＤＰの消費面から見た計算式です。

したがって、原発事故以来、日本の貿易収支に赤字が続いているということは、ＧＤＰのマイナス要因として働くということなのです（二〇一五年度はわずかなプラスになる見

GDPの「三面等価」(生産・支出・分配)

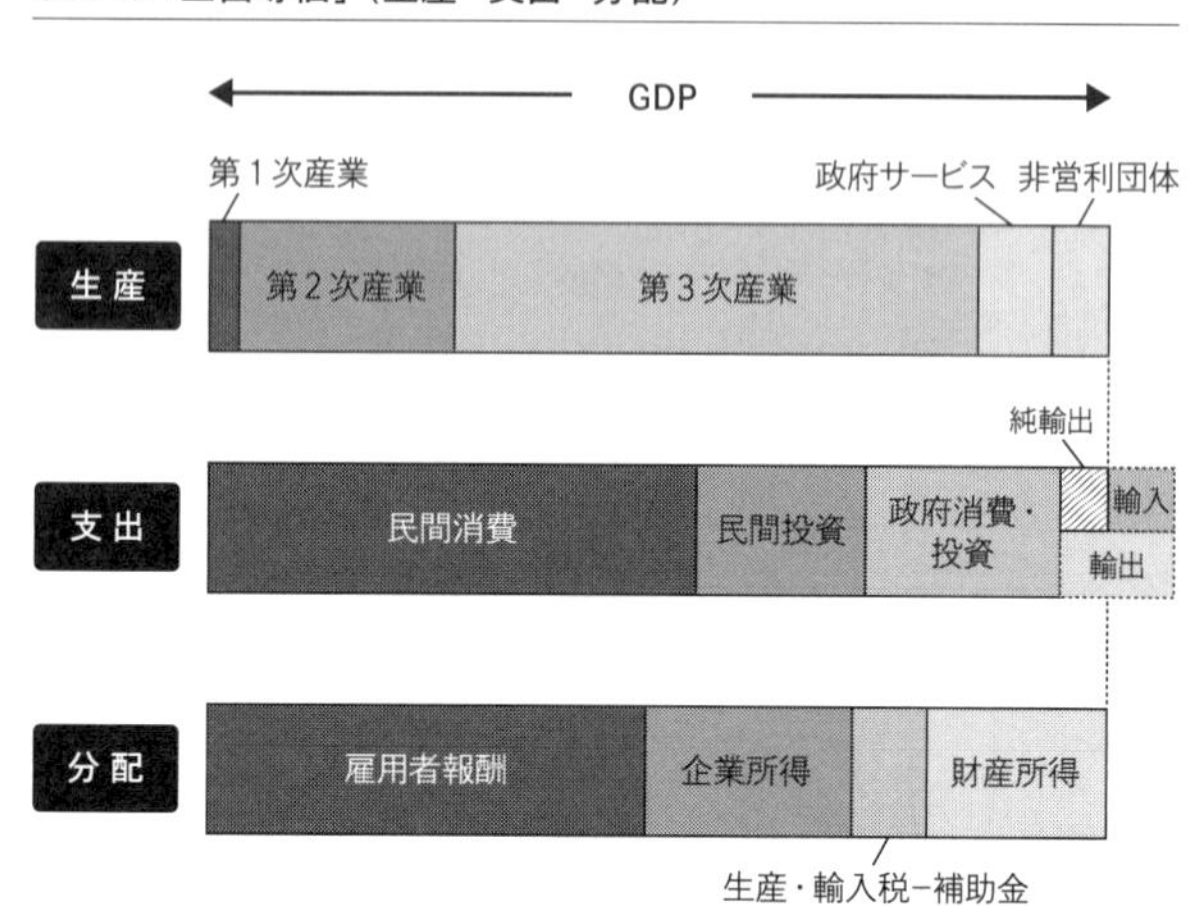

(出典)Policy Research Institute

込みですが)。

安倍政権が懸命に円安に誘導しようとしたのは(実際は、米ドルの影響によるところが大きいのだとしても)、日本の輸出企業に有利な状況をつくって、貿易収支を黒字に戻す必要があったという面もあります。

しかし、実際には、円安は火力発電所の燃料高や原料高を招き、それが貿易収支を悪化させる結果となりました。

別の言い方をしますと、この先GDPが上がるのか、下がるのかということを見る場合、

家計の支出、企業の投資、政府の支出、そして、純輸出、つまり貿易収支がどうなっているかというニュースから、自分で予測ができるようになる、ということです。

いま個人消費が増えているから景気がよくなっているのだな、というようなことが分かるということです。

定義からも関連性を見つけ出せるわけです。

GDPの定義を知り、数字間の関連が分かれば、この先の予測を立てやすいということです。そのためにも、GDPの定義などの「基礎的な知識」が必要なのです。

（企業の会計についても「基礎的な知識」があれば、数字を読み解けますが、これは第3章で説明します）。

ついでに知っておこう！

一人あたりの平均給与

給与所得者の一人あたりの平均給与は、いくらかご存じですか？

国税庁の資料によると、415万円です。

これが先に概算で推計した472万円より小さい理由はすでに述べましたね。企業の社会保障負担分（労使折半）が入っていないからです。さらに、これは、給与所得者の平均ですから、開業医、芸能人、投資家などを含む自営業者などは、含まれませんから、その分、少なくなっているのかもしれません（ただし、自営業者でも、農家は200万円台です）。

男女別で見ると、男性が514万円、女性が272万円。女性には非正規の人が多いからです。そして、正規・非正規について見ると、正規478万円に対して、非正規170

1年を通じて勤務した給与所得者の男女別・正規非正規別人数と平均給与

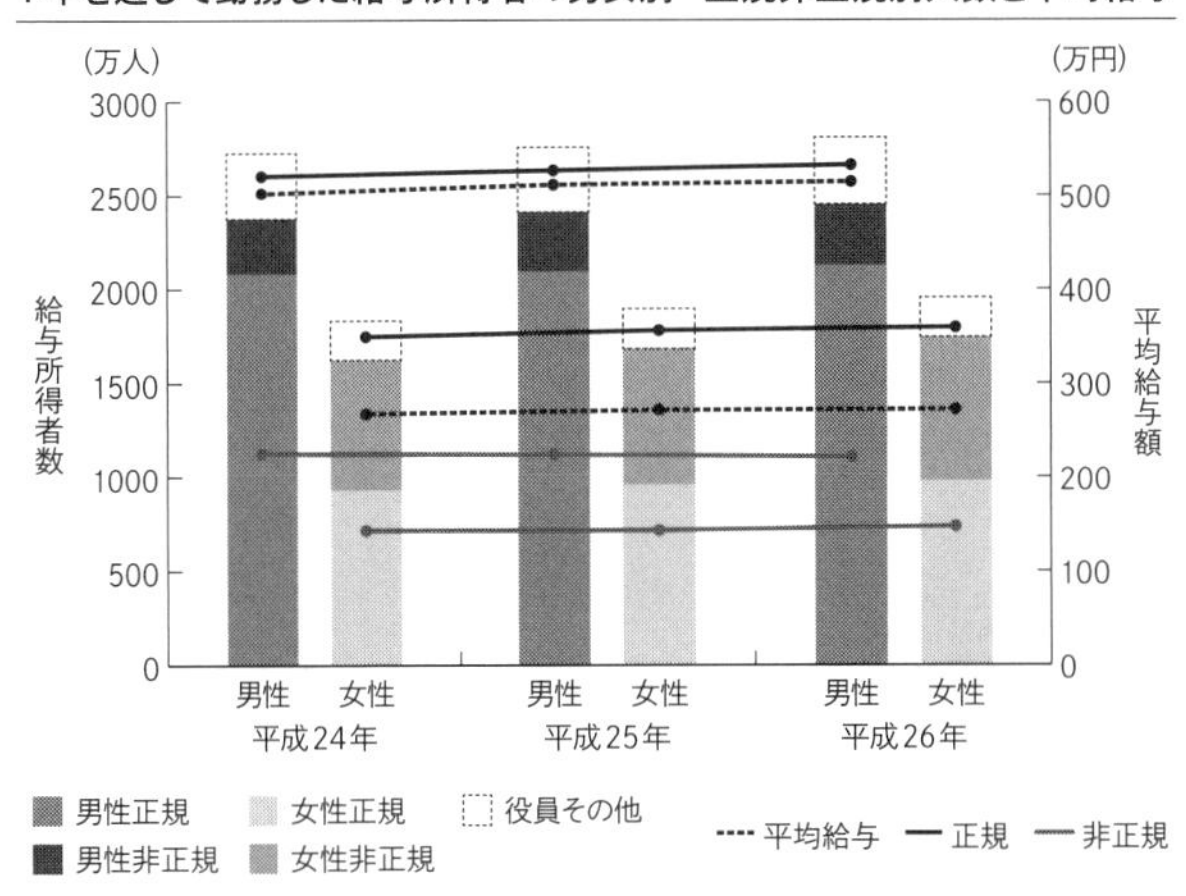

出典：国税庁ホームページデータよりグラフ化

万円です。

非正規で働く人には、サラリーマンの妻が多く、配偶者控除の130万円の壁が影響しているからだといわれますが、GDPを増やすという面からも経済を活性化するという面からも、非正規雇用者の待遇改善は急務です。

第1章の最後でも述べましたが、一度、自分の給与明細を正確に見てください。そして、社会保険料は半額を企業が負担していることも忘れないでくださいね。

3 国家予算

日本の財政の現状を知る

続いて、現在の日本の財政状況の数字です。第1章や「はじめに」でも触れましたが、日本の国家予算の金額、覚えていますか?

もう一度、歳入歳出のグラフを挙げておきましょう。

用いるのは、二〇一六年(平成二八年)四月から始まった一般会計予算の数字です。だいたい**96兆7200億円強**の予算で、これを見ると、歳入の側は租税及び印紙収入というのが約6割の57兆6000億円。これは増えています。消費税を増税したこともありますし、さらには景気がよくなって所得税収、法人税収が若干増えていることもあります。

この内訳を見ればお分かりのように、一番多いのが所得税、つまり個人からの税金です。そして、二番目が消費税ですね。以前は法人税のほうが大きかったのですが、最近は諸

平成28年度一般会計予算

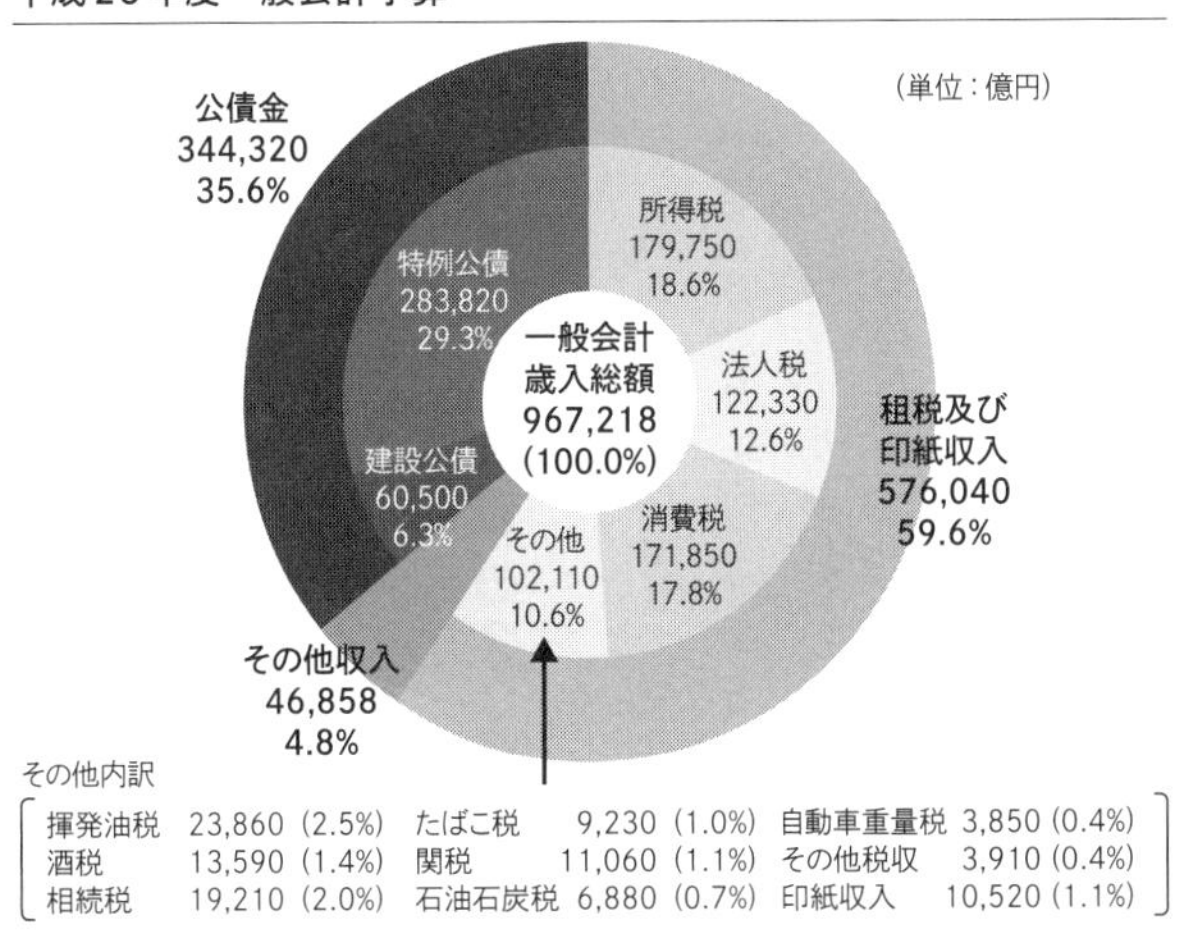

(出典) 財務省HPより

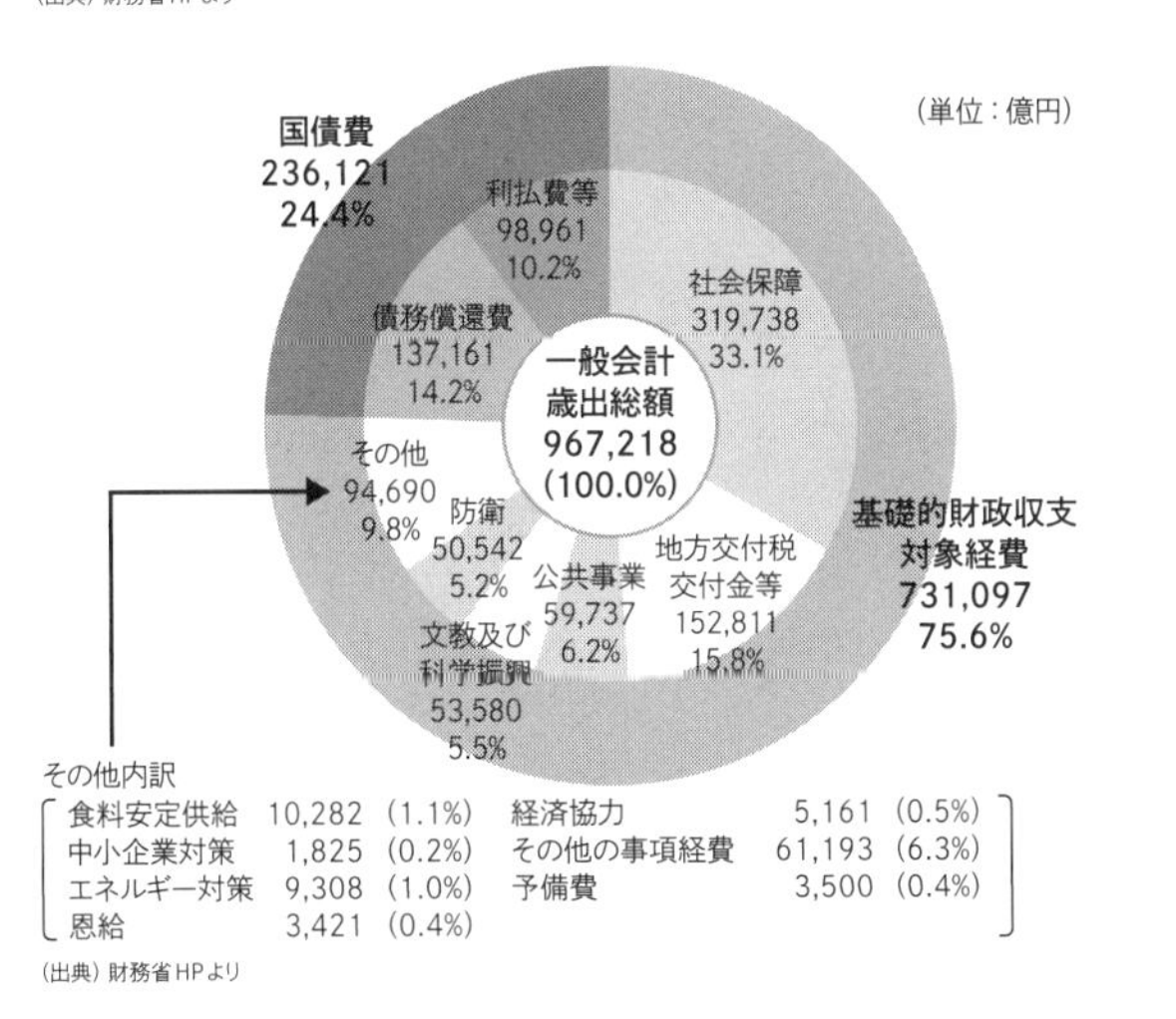

(出典) 財務省HPより

外国に合わせて法人税率を下げる傾向にあるうえに消費税を増税しましたから、消費税のほうが多くなっています。

法人税は景気が悪くなると一気に落ち込むため、ブレが大きいのですが、消費税は17兆円という規模でほぼ安定しています。これをさらに2％上げると、あと5兆円ぐらい増えることになり、すると所得税よりも消費税のほうが大きくなります。

世界一、GDPの200％を超える財政赤字。その原因は？

ここで、歳入の側で注意して見ないといけないのは、公債金と書いてある左側の大きな部分。34兆4300億円で35・6％です。ここで「特例公債」となっている、いわゆる「赤字国債」は、国会の承認を得ない限り原則出せないことになっているのですが、いまは自民党が圧倒的多数なので、自民党と公明党も含めた与党で、増発に支障はないわけです。

一方、建設公債というのは、インフラ整備のための建設に充てるためのものですが、お金が戻ってくる可能性はほぼゼロですから、こちらも事実上、赤字公債（国債）です。

そして、財政赤字の残高が長期のものだけで、国と地方を合わせて、とうとう1000

兆円を超えてしまった。名目ＧＤＰが約５００兆円なので、ＧＤＰの２００％を超えているという状況なのです。

ギリシャが破綻したときがだいたい１７０％。それから先進国で二番目に対ＧＤＰ比で財政赤字の残高が多いイタリアが１４０％ぐらいですから、日本の財政赤字がいかに大きいかということが分かりますね（ちなみに米国は、ＧＤＰ比で見ると１１０％弱ぐらいに留まっています）。

こうした状況の一番の原因は、何でしょうか？

なぜ財政赤字はここまで膨らんでしまったのでしょうか？

わたしの分析では、これはまず、経済が成長していないことによります。

九〇年代初頭に6兆ドル、九五年に8兆ドルだった米国のＧＤＰは、今年は、約18兆ドル。日本がほとんど変わらないでいる間に、米国では3倍に成長していたのです。中国にいたっては、約20倍です。

だから、もし日本も米国並みに成長していたとしたら、いま、ＧＤＰは１５００兆円ぐらいになっていて、税収ももっと増えていたはずです。せめて1000兆円、つまり、いまの倍にでもなっていれば、たとえ現在と同じ財政赤字の額があったとしても、対GDP比は100％程度まで下がっていました。しかも、成長すれば税収も増えますから、さらにその数字は低くなっていたはずなのです。

だから、**経済が成長しないというのが、実は一番の問題**なのです。

経済が成長しない原因は何？

では、なぜそれほどまでに経済が停滞してしまったのか？

その原因のひとつが、少子高齢化です。少子高齢化については、歳出のうちの社会保障費の増大という観点で語られることが多いのですが、経済成長という点から考えると、高齢化が進み、若い人が少なくなって、成長率も低いので、国内では儲からないということで、企業がどんどん海外へ出て行く。そして、海外で儲けても法人税は海外で支払い、雇用も海外で起こるので、日本の経済はさらによくならない、という悪循環になっています。

	国際収支（IMF方式、億円、▲は赤字）			貿易・通関		外貨準備高
	経常収支	貿易・サービス収支	直接投資	輸出（億円）	輸入（億円）	（期末億ドル）
13 年 度	23,930	▲144,785	148,270	708,565	846,129	12,793
14 年 度	87,245	▲93,142	132,224	746,670	837,948	12,453
15 年 度	※179,752	※▲5,810	※163,095	741,175	※751,996	12,621
15年５月	18,536	382	22,547	57,379	59,532	12,458
６月	5,410	▲742	6,598	65,047	65,656	12,429
７月	17,938	▲2,947	16,892	66,629	69,243	12,423
８月	16,249	▲2,871	14,679	58,802	64,477	12,442
９月	14,521	91	13,326	64,133	65,346	12,489
10月	14,018	▲1,781	15,746	65,413	64,365	12,442
11月	11,059	▲2,438	11,657	59,787	63,662	12,330
12月	9,401	▲40	13,235	63,378	61,989	12,332
16年１月	※5,208	※▲6,377	※10,708	53,514	59,991	12,481
２月	※24,349	※5,846	※15,272	57,037	54,638	12,541
３月	※29,804	※11,701	※11,804	64,568	※57,026	12,621
４月	—	—	—	—	—	12,625
				▲6.8	▲14.9	
（出所）	財務省			財務省		

日本経済新聞2016年5月9日

それでも日本の財政が破綻しないのは、なぜ？

それではなぜ日本の財政が破綻しないのかというと、理由のひとつは、経常黒字国だからなのです。

上に、日経新聞の指標の一部を示しましたが、そこに、「経常収支」という項目があります。

経常収支というのは、主には「貿易収支」と「所得収支（金利や配当の受払）」を足したものです。企業でいえば経常利益で、つまり、通常の事業活動でどれだけ儲けているかということを示します。日本はまだ、海外から経常黒字を稼いでいるのです。

ただ、よく見るとお分かりのように、二〇一三年度に2兆円程度まで極端に減っているときがあります。以前は10兆円以上稼いでいたのに、なぜそこまで減ったのでしょう？

そうです。震災の影響です。震災後、貿易収支が大幅に赤字になったのです。

ただ、経常利益には、海外投資からの収益である「所得収支」もあるので、それを含めると、2兆円の黒字に留まりました。

実は、そのとき、わたしは国債が暴落しないかとひやひやしたのですが、原油価格が下落し貿易収支の赤字額が若干減りつつあることと、これまでの海外投資からの所得収支が増加しつつあるということで、回復しています。


というわけで、貿易収支は稼げないけれど、所得収支でなんとか稼げたので、二〇一五年度の数字も、だいたい18兆円ぐらいの経常黒字に戻しました。

これほどの財再赤字を抱えながら、財政破綻しないもうひとつの理由は、国債の九割程度は国内で消化されている、特にいま、日銀が買いまくっている、ということにあります。そういう点では、いまのところ、暴落はしにくいと思います。

ただ、マイナス金利などで市場がとてもいびつになっているので、現在の課題は、出口戦略です。やり方次第では大混乱します。

そのひとつが、第1章でお話しした、ゆうちょ銀行への国債のシフトだとわたしは考えているわけです。そのためには、郵便貯金の限度額を上げていかざるを得ないのではないか、という気がしているのです。

歳出から見る財政赤字の最大の原因は？

次に、歳出のグラフをもう一度見てみましょう（次のページに再掲します）。

歳出においては一番大きいのが社会保障費で、32兆円近い額が出ています。このほかに特別会計があるというのは、第1章でお話ししたとおりです。

社会保障費のうち、各10兆円程度が、それぞれの保険料や積立金を補うための年金と医療費の補填分。それがこのままでいくと、どうなってしまうのか、これも第1章で説明しましたね。

平成28年度一般会計予算　歳出内訳

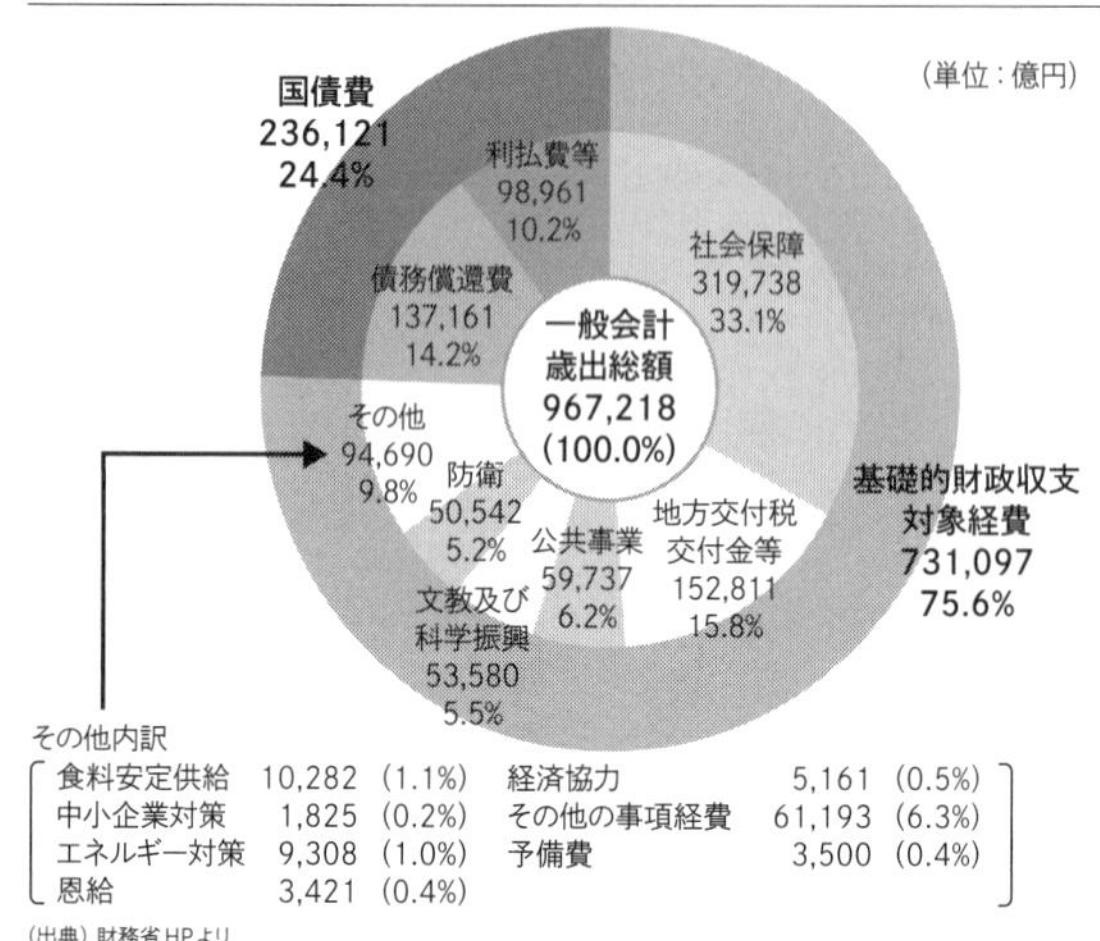

このうち特に問題なのが医療費だとわたしは考えています。年金は、支給開始を引き上げる手もありますが、医療は待ってもらえない。重い病気にかかった人に、二年待ってください、とは言えませんから。

政府が考えているのは、在宅をベースに医療の仕組みを変えていくことです。七五歳以上の方の医療費負担を現在の1割から2割にしようと段階的に進めていて、三年後にはそうなります。

さらに、七五歳を超えた方の場合、500万円以上かかるケースについては、高度医療を受けるか否かを選択制とするというような提案をしている医師もいるようです。

いずれにしろ、このままでは、いまの医療制度を財政的に維持していくことは困難でしょう。現在27％程度の高齢化率が、このままでは約40％くらいまで上がってしまうわけですから。それをどのようにしていくかは、ある程度は、残念ながら医師会、歯科医師会、薬剤師会、それから介護業界の力関係によります。集票力の世界、政治の駆け引きの世界です。

けれども、国家的国民的観点から、本当に持続可能な医療制度をつくっていく必要があることは言うまでもありません。

ついでに知っておこう！

日本の高齢化率

これはもう、左のグラフを見れば、一目瞭然ですね。

現在の高齢化率は、26・8％。これが、二〇五〇年には38・8％になるだろうと予測されています。その年の人口の予測は９７０８万人。やはり七五歳まで働くしかないかもしれません。

ただ、肉体労働はもちろん、知的労働であっても、やはり一般的には、若い世代と比べて生産性が劣るであろうことは否定できません。ＡＩ（人工知能）の発達などで、マーケットがこうした高齢社会に合わせて変わっていくかもしれませんが。

高齢化の進行

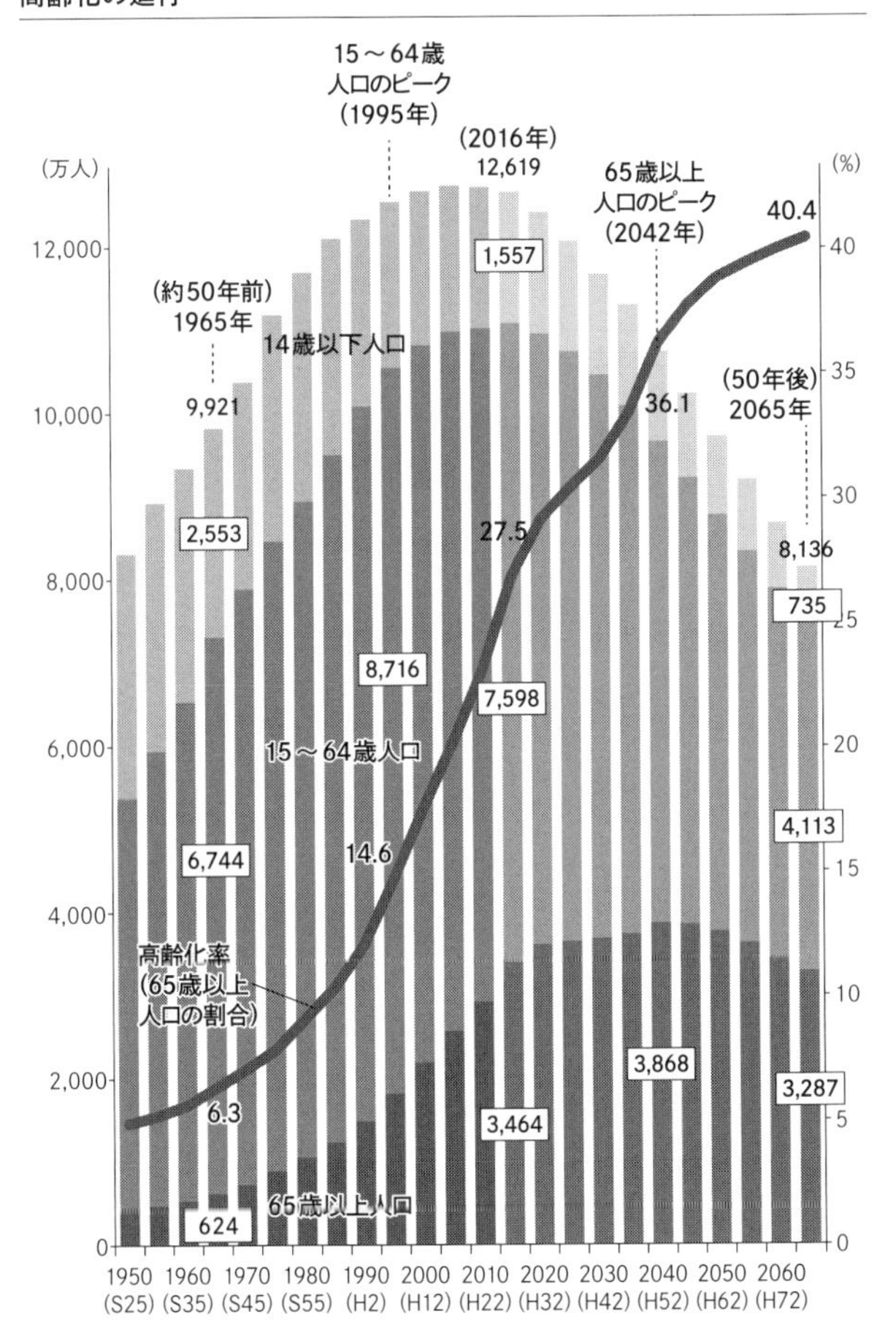

（出典）総務省「国勢調査」、国立社会保障・人口問題研究所「日本の将来推計人口（平成24年1月推計）」

4 世界の人口

人口最多国ポスト中国の時代に向けて世界はもう動き出している

さて、少々気分を変えて。世界の人口はいま、何人ぐらいでしょうか?

これには、中国のように正確には分からない国があるため、推計がいくつかあるのですが、**約72億人**とされています。

国連が二年おきに出す「世界人口展望」の二〇一二年改訂版によると、二〇五〇年に約96億人、二一〇〇年には109億人に達するだろうとなっていますが、その一方で、世界人口は80億人で頭打ちになるだろうという予測もあります。

同じく国連の資料によると、二〇一五年現在、人口のトップは、13億7600万人の中国、二位が13億1100万人のインド、三位がぐっと下がって、3億2000万人のアメ

主要国の将来人口推移

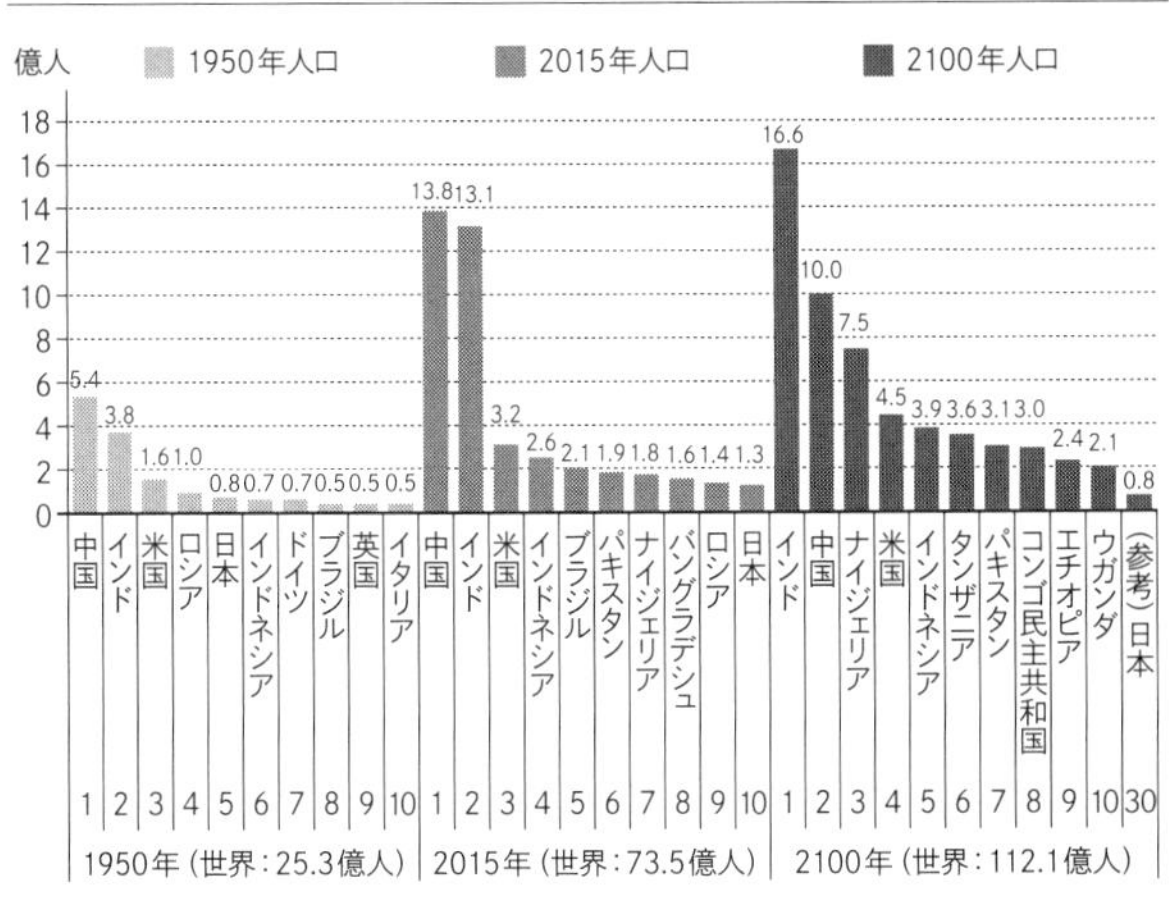

（注）中位推計の結果　（資料）国連、World Population Prospects: The 2015 Revision

リカですが、中国、インドとも数字はかなり曖昧で、もっというのではないかともいわれています。
が、一人っ子政策で人口減少に向かうことがはっきりしている中国をインドが抜くのは時間の問題です。

ちなみに、日本は、二〇一六年現在のところ、メキシコに次ぐ一一位で、フィリピンがこれに続きます（上の表の二〇一五年から、変動しています）。二〇一五年現在、1億人以上の人口を擁する国は、フィリピンまでの一二ヵ国になります。

5 世界のGDP

中国への、日本の経済的依存の度合いを知っていますか？

では、世界のGDPは、だいたいいくらぐらいなのでしょうか。ご存じですか？

答えは、**72兆ドル**（こちらは、IMFが発表しているデータによります）。

ここまで、お読みいただいた読者の方には、72兆ドル、と聞いて、「そうなんだ」で終わってしまわれては困ります。「ということは……」と、瞬間的にいろいろと考えを巡らせていなければいけません。

ということは、約8000兆円、日本は500兆円だから、6%ぐらいのシェアか。

ということは、一人あたりのＧＤＰは世界平均だと1万ドル。1万ドルというのは１１０万円ぐらいだから、さほど悪い水準ではない。が、実際は、一部の国に富が偏っていて、貧困ラインといわれる一人あたりＧＤＰの２００ドルを切っている国もまだたくさんあるはずだ。

では、一位のアメリカはいくらか？　18兆ドルか。

中国はどうか？　10兆ドルを超えているな。

と、こうしたざくっとした数字を知っていることが重要です（第1章で出てきましたね）。

中国への依存は貿易だけではない

中国の経済規模は、あっというまに、日本の倍になってしまいました。このことから、日本経済が大輸出先である中国経済に依存している割合がとても大きいことも分かるでしょう。だから、中国が経済成長率の予測を下方修正した、などというニュースが大きく報道されるのです。

実際、日本は、米国と並んで経済的に中国に依存する状態となっています。

貿易額だけでなく、たとえばユニクロやイトーヨーカ堂などのように、現地で販売することをベースにしている日本企業も多く、自動車メーカーに代表されるように、中国国内の合弁事業で製造し、中国で販売する製造業の企業も少なくありません。

それに付随する部品メーカーも同じ状況です。こうした数字は、GDPには反映されないので、日本の統計にはほとんど出てきません。入ってくる配当が所得収支に関係するだけです。ですので、想像以上に、日本の中国への依存度は高くなっているのです。

一方、中国の側が貿易でもっとも依存しているのは、ほぼ同じ額で米国とEUです。20%程度の貿易を占めています。日本は三番目です。

インバウンドの爆買いはいつまで続くか？

目に見えて分かる中国人の日本経済への貢献といえば、「爆買い」ですね。銀座を歩く人のかなりの部分が外国人、その多くが中国からの買い物客です。それをあてにして、多くの小売店や宿泊施設が増床などの投資をしているようですが、わたしには、今後もずっと右肩上がりで爆買いが続くとは思えません。

免税店大手のラオックスは、二月の春節の際の客単価が落ちたため、今年度（二〇一六年度）末の営業利益は前年度に比べて2割減となると、早々と宣言しています。

最初は、てっきり観光客の数が減っているのだと思いました。ところが、統計を見てみると、今年（二〇一六年）の二月に日本を訪れた観光客数は過去最高、前年比30％増で、特に中国人が増えています。

つまり、人数は増えたけれど、買い物の客単価が落ちたのです。電気釜を五つなどと買う人がいなくなり、代わりに、より安い、小さなポットや化粧品などが飛ぶように売れているんですね。

また、一時期は、東京はもちろん、大阪、京都、名古屋など、各都市で、ホテルが満杯となり、ビジネスホテルにまでそれが波及して、ホテルがなかなか取れなくなったり、宿泊代が高騰したりで、出張のビジネスマンを悩ませていたのですが、少なくともわたしが年に50泊はする大阪では、今年の三月に入ってすっかり落ち着きました。いつも泊まるホテルも、「空振りした」と春節の時期に言っていました。

理由はどうやら、民泊にあるようです。Airbnbというサイトに登録されている部屋だけでも実はいま、3万部屋あるそうですし、そこに載っていないような中国人専用の中国語のサイトには、中国人が日本に中古ビルを丸ごと買って、改装し、そこで闇の民泊を行っているようなところが出ているとのことです。

演習問題

ではここで、「数字力」の問題です。民泊がどれくらいのインパクトを宿泊業界に与えているかを自分で仮説を立てて説明してください。ヒントは先ほどの「3万部屋」です。

以下は、わたしの仮説です。

まず3万室の部屋が増えました。

一方、以前より1０００万人訪日客が増えたとして、彼らが平均4泊日本に滞在するとすれば、増加する宿泊数は4０００万泊です。これを二人で一部屋を使うとすると、年間2０００万室が、以前より必要となります。

先ほどの民泊に提供されている部屋は、一日3万部屋でしたね。３６５日をかけると、年間で約1０００万室分は確保できている計算になります。

先日大阪でテレビに出ていたら、一室に二人どころか四、五人泊まっている民泊の部屋もあるとのこと、また、Airbnb以外でも部屋がかなり出ているであろうことを考えれば、一時期の予約のしづらさが落ち着いてきていることは、想像できますね。

中国の外貨準備高激減が爆買いを減らしている？

ともあれ、観光客は増えたけれど、日本に落とすお金が減る傾向にある。これには、**中国政府の外貨準備高が関係**しています。

中国はこのところ、外貨準備高が激減しています。**一時は4兆ドルあったのが、いまは3兆5000億ドルぐらいまで減っている**のです。

その主な理由は、政府が人民元を買い支えているためです。以前は、輸出のために、人民元を安くしようと、人民元を売ってドルを買うという介入を続けたので、4兆ドルも貯まってしまったのですが、いまは人民元が実際のレートよりも高くなるように（5％ほど割高になっているといわれています）、買い支えているのです。

なぜ、そんなことをするかというと、ひとつは、「メンツ」です。

前の項で書いたように、現在、中国のGDPは10兆ドルです。

世界の統計で見るときは、常にドル換算。だから、ドルに対して元高にして、10兆ドルを死守したい。ドル換算のGDPが小さくなるのは中国政府のメンツが許さないのです（9兆ドルになったところで、まだ、三位の日本の2倍ですが……）。

国内に滞留している外貨、個人が持っている分も減ると、とにかく人口が多いですから、最終的には、外貨準備高に影響してきます。それで、今年から海外で使うことのできる人民元（銀聯カード）に上限が決められました。一日の限度額は1万元、いまのレートですと17万円ぐらいで、一年間の限度額が10万元、つまり170万円ぐらいです。

海外ブランドにしても、銀座や心斎橋で買うより、中国国内で買ってもらったほうが、流通マージンだけでも国内に落ちるわけですから、結構、中国は必死になっているのでしょう。入国の際の税関検査も輸入品には厳しくなっているようです。

とはいえ、中国の本当のすごいお金持ちは、アメリカンエクスプレスだとかを海外でつくって持っているので気にしていないと思います。でも、現在日本に押し寄せているのは、銀聯カードを使っている一般の人たちです。その人たちの購買が落ちているのが、ラオックスや一部ホテルの売上げにも影響しているのでしょう。

日本への外国人旅行者数全体は？

さて、中国人観光客の話が出たところで、ではそもそも毎年何人の中国人観光客が来日しているのか？　円安効果からか、白人の観光客の数も増えたような気がするけれど、全体では何人なのか？　気になりませんか？

気になったら、すぐに調べる。

重要な「数字力」です。

政府は、訪日観光客数2０００万人を目指していますが、二〇一五年の観光庁発表の推定値は、１９７３万７０００人でした。もうほとんど達成ですね。

実は、中国からの観光客数がトップに躍り出たのは、二〇一五年がはじめて。全体の4

分の１の約５００万人です。それまでは、主に台湾や韓国でした。昨年度は、これに香港を加えて、全体の７割強。五位がアメリカからの約１００万人（約５％）となっています。

では、日本からの出国者数はどうだろう？

ということで調べてみますと、１６２１万２１００人。入国者数より少ないですが、特に減っているわけではありません。このところずっと１６００万人程度です。入国者数が格段に増えたということでしょう。

政府は、２０００万人のゴールが達成できそうということで、４０００万人に！と言い出しました。そのためにはインフラが不足しているので、ホテルの容積率を緩和するとまで言っています。でも、もし来なかったら、どうするんでしょう？政府の言うことを真に受けて新設したり改装したりしたホテルが軒並み倒産してしまいます。

もともと帝国ホテルでさえ売上高営業利益率は、７％程度なのです。史上最高に外国人観光客が来ても７％、売上げが１割でも減ったら利益が出ない業界なのです。

それよりは、民泊への規制を緩め、利用しやすいものに緩和して、ホテル業界のバッファーとするべきだとわたしは考えますが、どうでしょうか？

なお、爆買いが二〇一六年に入って減っているもうひとつの理由は、元が円に対して、一年前よりは安くなっていることもあります。二〇一五年は1元20円程度だったのが、いまは17円ぐらい。レートはもっと落ちるともいわれています。内外価格差は実際に日本に落とすお金の総量に大きく影響します。

いずれにしろ、ただ、人数が増えればいいという問題でもありません。一方で、人口が減っていく一方の日本では、観光立国としての潜在力をより高めていくことも求められます。総合的な戦略が必要だと思います。

演習問題

この章では、主に「基本的な数字」を説明してきました。復習です。次の数字の概数を答えてください。

- 日本の人口
- 日本の労働力人口
- 日本の高齢化率
- 日本の名目GDP
- 家計の支出がGDPを支える比率
- 日本の一般会計予算
- 日本の対GDPでの財政赤字比率
- 世界の人口
- 世界のGDP
- 米国のGDP
- 中国のGDP
- 中国の外貨準備高
- 訪日観光客数
- うち中国人の占める割合

第3章

基本的な「会計」の数字と定義を知る

決算書が一目で分かるようになる

この章では、「会計」の数字の見方についてお話しします。

数字力の基本は、次の二つを知っておくことでしたね。

❶基本的な数字
❷基礎的な知識

このうち、第2章の「経済」の数字については、特に、❶の基本的な数字を知っていることが重要でしたね。本章についても、自社の売上げとか、業界全体の売上げ規模などを知っていることが必要ですが、それ以上に、❷の基礎的な知識が重要になってきます。

そもそも「貸借対照表」の項目の意味が分かっていないと、決算書の数字を見ても、何も判断できません。規則ですから。

けれども、**基本的な数字は、生ものですからコンスタントに更新**していかなければ役に立たないのに対し、**基礎的な知識は、一度覚えたらほぼ一生使えます。**

この章で、その一生モノの会計の基礎知識も身につけてください。

1 会計の基本を学ぶ

「会計」の基礎的な知識とは何か？　というと、要するに、次の三つの財務諸表が読めるようになること。これらの三つで使われている用語の意味が分かって、数字が読めるようになることです。つくれるようになることではありません、読めるようになることです。

❶貸借対照表（ＢＳ＝Balance Sheet）
❷損益計算書（ＰＬ＝Profit and Loss Statement）
❸キャッシュ・フロー計算書（ＣＳ＝Cash flow Statemnent）

これらの基本中の基本が分かるだけで、企業や世の中の見え方が変わったり、視界が開けたりするように感じるはずです。

財務三表で、何が分かるか？

では、それぞれの財務諸表で何を見るのか？　主な目的は次のようになります。

❶貸借対照表では、会社の安全性を見ます。

❷損益計算書では、会社が会計上いくら儲かっているかを見ます。

ここで、注意しなければいけないのは、あくまでも会計上の利益だということです。会計上、というところがポイントで、会計制度が異なれば利益も違ってくるのです。現に、日本式と米国式は違うし、国際財務報告基準（ＩＦＲＳ）と、さらには日本版ＩＦＲＳというのもある（いまは、上場会社だと会計基準が四つもあるのです！）。

詳細はいいですので、ともかく、ここでいう利益というのはあくまでも、「会計上の概念」であることを知っておいてください。つまり、利益と記される金額が、現実に「現金」で存在するわけではない！

それでは、実際の経営上の資金繰りを知るのに困りますね。実際、会社は、会計上利益が出ていたとしても、お金が回らなくなると潰れるからです。「黒字倒産」ですね。逆に、会計上大赤字でも、お金が回っている限り潰れません（ここは、国の財政と同じですね）。潰れるか潰れないかは資金繰りがつくかどうかにかかっているのです。

そこで、比較的最近加わってきたのが、第三の財務諸表、キャッシュ・フロー計算書です。

❸キャッシュ・フロー計算書では、現実のお金の流れ（どこで増えて、どこで減っているのか）を見ます。

ある会社がいい会社かどうかは、この三表を見れば分かります。見るポイントを知っていれば、それこそ一秒で分かります。

どうやって？

というわけで、この章では、比較的分かりやすい会社の実際の決算書を見ながら、そこを解説していきたいと思いますが、その前に、もう少しだけ、基礎知識のお話をさせてください。

貸借対照表

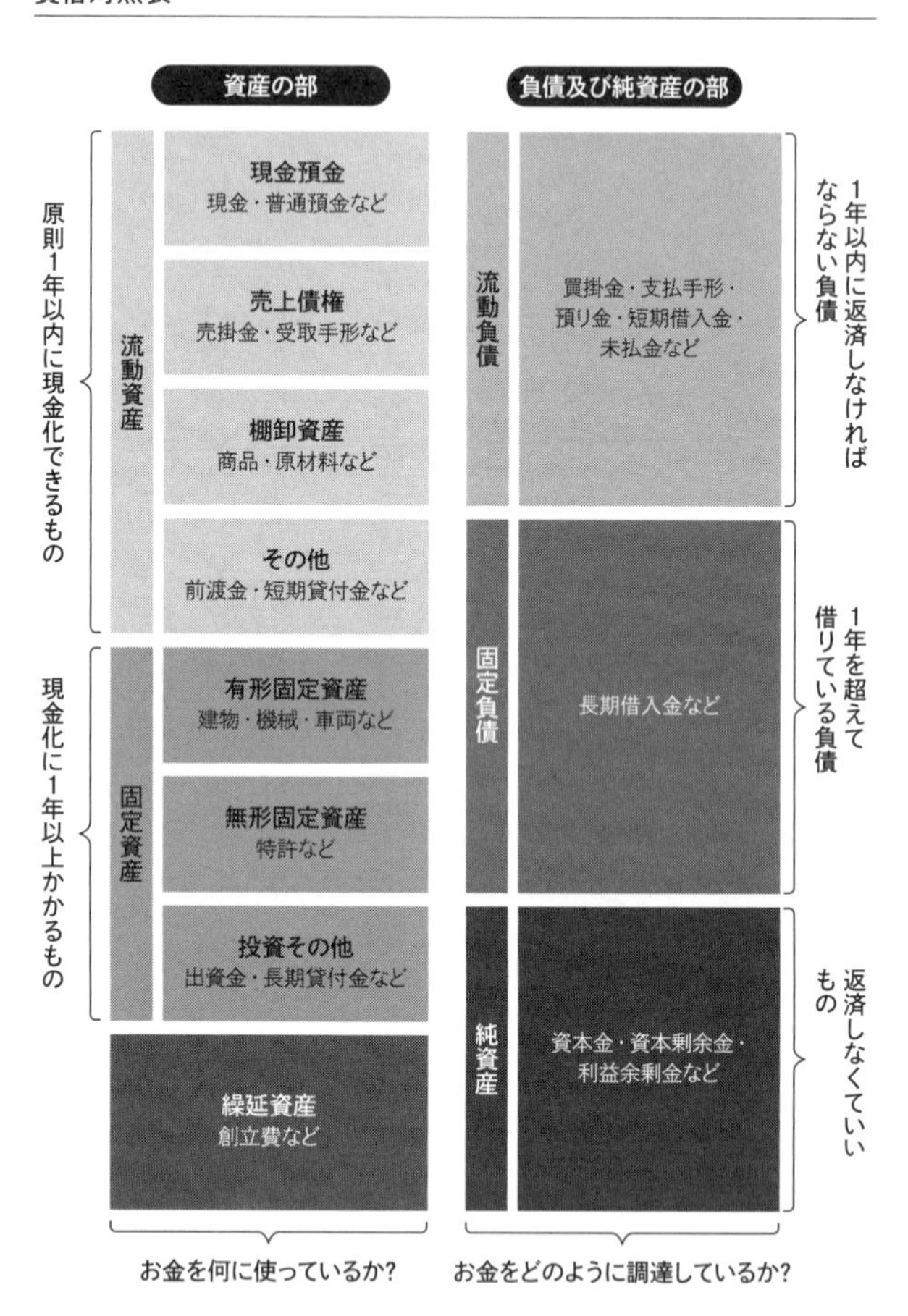

資産の部
負債及び純資産の部
原則1年以内に現金化できるもの
流動資産
現金預金
現金・普通預金など
売上債権
売掛金・受取手形など
棚卸資産
商品・原材料など
その他
前渡金・短期貸付金など
現金化に1年以上かかるもの
固定資産
有形固定資産
建物・機械・車両など
無形固定資産
特許など
投資その他
出資金・長期貸付金など
繰延資産
創立費など
流動負債
買掛金・支払手形・
預り金・短期借入金・
未払金など
1年以内に返済しなければならない負債
固定負債
長期借入金など
1年を超えて借りている負債
純資産
資本金・資本剰余金・
利益余剰金など
返済しなくていいもの
お金を何に使っているか?
お金をどのように調達しているか?

貸借対照表では、会社の安全性を見る

まず、貸借対照表の見方から。

原則としては、その名のとおり、「貸しているお金」と「借りているお金」を対照させたもので、左側が「資産の部」、右側が「負債と純資産（資本）の部」になります。そして、左と右の金額の合計が一致します（だから、英語で、バランスシートというんですね！）。

もし、表面的に儲かっているように見えていたとしても、借金（負債）のほうが、持っているお金（資産）よりずっと多かったら、ちょっとこの先、この会社やばいんじゃないの？　と思いますよね。逆に、いまが苦しそうでも、実は借りているお金より、現預金のほうがずっと多ければ、いざとなったら、なんとかなるだろう、と推測できます。そういう状態を示しているのが貸借対照表です。だから、

貸借対照表は、会社の安全性を見るためのもの

と言ったのです。短期的、ならびに中長期的な安全性を見ることができます。

ここで、疑問に思う方がいらっしゃるかもしれません。

なぜ、純資産(資本)が負債と同じサイドに入るんだ!?

まずは、こんなふうに考えてください。負債も純資産(資本)も資金の調達源で、

負債というのは、いずれ返さなければいけないお金。
純資産(資本)というのは、返さなくてもよいお金。

たしかに、純資産(資本)の筆頭は資本金です。資本金とは、株主が株を買う、という形で出してくれるお金。株主から預かっているお金です。借りる行為に似ています。でも、たとえ全部なくなってしまったとしても返さなくてもいいお金ですからね。

また、純資産(資本)には、利益剰余金というのがあって、会社が毎年出してきた利益

の累積ですから、「借りているお金」ではないですね。

ですので、こんなふうに考えるといいでしょう。

貸借対照表の左側は、会社が、お金を何に使っているか、を表している。
貸借対照表の右側は、そのお金をどこから調達しているか、を表している。

ここまではいいですか？

では、もう一度、左側の資産の内訳から見ていきましょう。

流動資産と固定資産（非流動資産）に分かれていますね。

流動資産は、その名のとおり流動性があるもの。つまり、すぐ使える資産。

なので当然のことながら、現金がその筆頭です。ついで、預金。たとえ定期預金でもその気になれば、すぐ解約して現金化できますから。他の流動資産、たとえば、棚卸資産（在庫）や売掛金（売ったけれど回収していないお金）なども「すぐ」に使ったり、「すぐ」に回収できる予定のものです。

では、「すぐ」とはどのくらいか、という話になりますが、会計上は通常「一年」で見ています（正確には、「通常の営業循環内」となっています）。だから、逆に言えば、

固定資産というのは、一年以上にわたって使う予定の資産。あるいは、現金化するのに一年以上かかる資産。

一般に固定資産というと、工場や店舗などの土地建物や一年を超えて行う投資のようなものが該当します（ただし、売掛金や棚卸資産で、通常の営業循環内で回収、あるいは使う予定のものは、一年を超えるものでも流動資産です）。

流動資産の内訳は、流動性の高い順に並んでいます。

一般に、**現預金の次は、売掛金。**会社同士の売買は、通常、売上げが立った月の一ヵ月

から半年後ぐらいまでが支払期限の請求書で行われます。したがって、売上げは立ったけれど、まだ支払われていないお金があるわけで、これが売掛金と呼ばれます。それを手形でもらっているものが受取手形です（じゃあ、四五〇日後支払いの手形はどうなるんだ、といえば、これが通常の営業循環内なら流動資産です）。

それから、**棚卸資産**。つくって（あるいは仕入れて）あるが、まだ売れていない商品や原材料。いわゆる在庫ですね。これも、売れた分だけどんどんお金になるので、流動資産です。

続いて、右側、負債について、見てみましょう。こちらも同様で、

一年以内に返さなければいけないお金が流動負債、一年を超えて返すお金が固定負債（非流動負債）です。

流動負債の筆頭は、たいていは**買掛金**になります。こちらは、買い物をした（仕入れた）けれど、支払いは請求書に指定された期日まででいいので、まだ支払っていないお金。それに対し手形を振り出したら**支払手形**になります。**短期借入金**がそれに続きます。

固定負債（非流動負債）の筆頭は、ふつうは銀行からの借入金です。長期借入金です。社債も固定負債に入ることが多いです。

純資産（資本）は、先にも少し説明しましたが、資産を買うための返済不要の資金調達源です。株主さんが出してくれた資本金や資本剰余金、利益の蓄積の利益剰余金などです。あくまでも、資金調達源なので、それがすべて現金で残っているかどうかは分かりません。現金は、資産の現預金が実際にある額です。

会社は、どういうときに潰れるか？

最初に、貸借対照表というのは、会社の安全性を見るためのものだとお話ししましたね。安全性とは要するに、

この会社はだいじょうぶか？　潰れないのか？　ということです。

では、会社はどういうときに潰れるのでしょうか？

そう、負債が返せなくなったときです。

どんなに借金があっても、それを上回る現預金があるなら、当然だいじょうぶですね。また、支払期限が先なら、とりあえず、いまはだいじょうぶ。支払期限が迫っていたとしても、別のところから借りて返済に回せるのならだいじょうぶ（多重ローン債務者のようではありますが）。

あるいは、逆に貸しているお金を取り立てて返済に回せるのなら、それもだいじょうぶ。あるいは、資産を取り崩して、返済に回せるのなら、それもだいじょうぶ（先祖代々の山林を売り払って、といったイメージですね）。

つまり、会社は、負債のうち、まず流動負債が返済できなくなったときに潰れます。

だから、手っ取り早く、一秒で貸借対照表から、その会社を見るときには、

❶まず、流動負債と流動資産を見比べます。

流動資産のほうが多ければ、当面は潰れないだろうという推測が立ちます。

⬇これを、**「流動比率」（流動資産÷流動負債）**といいます。

一般的には、１２０％あればだいじょうぶ、とされています。ただし、売掛金も在庫もない、たとえば電鉄会社のような会社は、50％を切っても回ります。

❷次に、純資産と資産を見比べます。

資産を賄っているお金のうち、返さなくてもいいお金（純資産）が一定以上あれば、当面は潰れないだろうという推測がたちます。

⬇これを、**「自己資本比率」（純資産÷資産）**といいます。

一般的には、製造業で20％、商社のような卸売業で15％あれば、だいじょうぶ、とされています。ただし、金融業は10％を切ってもだいじょうぶです（お金を扱っていますので）。

❸最後に、現金及び現金同等物と損益計算書の売上高を見比べます。

どんなに流動比率が高くても、現預金がなくなると、会社は潰れます。

したがって、現金、ならびに、すぐに現金化できる資産がある程度ないと、その会社はヤバい、ということになります。

⬇これを、**「手元流動性」（現預金等÷月商）**といいます。

大企業では、月商の一ヵ月分（売上高を一二で割ったもの）ぐらいあれば、まず安心。

ただし、日銭が入ってくるような業種なら、もっと少なくても回せます。

以上です。案外、簡単でしょう？

では、この知識を、実際の決算書を見ながら、確かめてみましょう。

用いるのは、ファーストリテイリング（ユニクロ）と日本マクドナルドです。

一つずつ数字を表で確認しながら読み進めてください。「数字力」のトレーニングですから！

2

貸借対照表を見れば、一目瞭然！

強い！　ファーストリテイリング。
この先、二、三年が勝負、日本マクドナルド

左は、ファーストリテイリングの平成二七年八月期（二〇一四年九月一日～二〇一五年八月三一日）の貸借対照表です（右側の数字を見ます）。

貸借対照表では、資産の合計と負債及び純資産（資本）の合計が一致するのでしたね。見てみると、たしかにともに１兆１６３７億６００万円で一致しています（当たり前なんですけれど）。まず、何を見るんでしたっけ？　覚えていますか？

そう、流動資産①と流動負債②でしたね。まずは、流動資産が流動負債より多ければよかった。できれば、**流動資産が流動負債の１２０％以上**あればよかったのでした。

で、どうなっているかを見ると……。

㈱ファーストリテイリング　(9983)　平成27年8月期　決算短信

5．連結財務諸表

（1）連結財政状態計算書

（単位：百万円）

	前連結会計年度 (2014年8月31日)	当連結会計年度 (2015年8月31日)	
資産			
流動資産			
現金及び現金同等物	314,049	355,212	⑤
売掛金及びその他の短期債権	47,428	44,777	
その他の短期金融資産	9,119	22,593	
棚卸資産	223,223	260,006	
デリバティブ金融資産	99,125	157,490	
未収法人所得税	11,951	18,564	
その他の流動資産	12,139	15,748	
流動資産合計	717,037	874,394	①
非流動資産			
有形固定資産	114,398	129,340	
のれん	26,715	27,165	
のれん以外の無形資産	46,968	40,991	
長期金融資産	71,293	75,940	
繰延税金資産	11,257	11,107	
その他の非流動資産	4,636	4,766	
非流動資産合計	275,270	289,311	
資産合計	992,307	1,163,706	④
負債及び資本			
負債			
流動負債			
買掛金及びその他の短期債務	185,119	181,577	
デリバティブ金融負債	1,012	100	
その他の短期金融負債	12,696	15,471	
未払法人所得税	32,750	36,763	
引当金	16,154	22,615	
その他の流動負債	25,462	35,714	
流動負債合計	273,196	292,242	②
非流動負債			
長期金融負債	27,604	25,513	
引当金（非流動）	7,694	10,203	
繰延税金負債	37,387	47,272	
その他の非流動負債	10,383	13,668	
非流動負債合計	83,069	96,658	
負債合計	356,265	388,901	
資本			
資本金	10,273	10,273	
資本剰余金	9,803	11,524	
利益剰余金	525,722	602,623	⑦
自己株式	△15,790	△15,699	
その他の資本の構成要素	88,371	142,214	
親会社の所有者に帰属する持分	618,381	750,937	
非支配持分	17,660	23,867	
資本合計	636,041	774,804	③
負債及び資本合計	992,307	1,163,706	

貸借対照表から分かるファーストリテイリングの安定性！

なんと、流動資産８７４３億９４００万円に対し、流動負債は２９２２億４２００万円。

流動比率約３００％！　ものすごい優良企業であることが分かります。

では次に、純資産（資本）③と資産④を比べてみましょう。

製造業では、**純資産が資産の20％以上**あれば安心なのでした。

すると……

資産合計１兆１６３７億６０００万円に対し、純資産は７７４８億４００万円。

自己資本比率は66・6％もあります！

もう言うことはないのですが、損益計算書も見て、手元流動性を調べてみましょう。

現金及び現金同等物⑤が、月商（年間売上収益⑥の12分の１）の何倍あるでしょうか？

大企業では、一ヵ月分以上あれば、まず安心です。すると……

㈱ファーストリテイリング　(9983)　平成27年8月期　決算短信

(2) 連結損益計算書及び連結包括利益計算書

連結損益計算書

(単位：百万円)

	注記	前連結会計年度 (自　2013年9月1日 至　2014年8月31日)	当連結会計年度 (自　2014年9月1日 至　2015年8月31日)
売上収益		1,382,935	1,681,781 ⑥
売上原価		△683,161	△833,243
売上総利益		699,773	848,538
販売費及び一般管理費	5	△549,195	△671,863
その他収益	6	7,025	8,782
その他費用	6,8	△27,200	△20,992
営業利益		130,402	164,463
金融収益	7	6,001	17,354
金融費用	7	△933	△1,141
税引前利益		135,470	180,676
法人所得税費用		△56,133	△63,287
当期利益		79,337	117,388
当期利益の帰属			
親会社の所有者		74,546	110,027
非支配持分		4,790	7,360
合計		79,337	117,388

売上収益1兆6817億8100万円の12分の1である約1400億円の月商に対し、現金及び現金同等物は3552億1200万円！

手元流動性は、月商の2・5ヵ月分以上もあります！

ついでに、貸借対照表で、純資産（資本）の内訳をよく見ると、一番大きいのが、利益剰余金⑦。過去の利益の蓄積です。これが、約6026億円もあります。

これもたいしたものです。

ただし、間違えてはいけないのは、別にこれを現金で持っているとは限らないということです。資産のところに挙がっている工場とか土地とか在庫に変わっているのかもしれません。

ですから、**剰余金とありますが、現金というわけではない**のです。

景気が悪くなって会社がリストラすると、利益剰余金をたくさん持っているのになぜだ!? となりますが、それはお金そのものではないからなのです。

ともあれ、この会社はとてもいい。ちょっと成長率が落ちるだけで外野はとやかく言いますが、貸借対照表を見る限り、当面、すごく安定しています。

とりあえず優良企業の体はなしているが……日本マクドナルド

では、次に、別の会社を見てみましょう。日本マクドナルドの貸借対照表です。

日本マクドナルドといえば、ここ数年、客離れが進み、迷走していたところへ持ってきての例の中国でのチキンの問題。以来、売上げは激減し、本国から社長が降臨するなど、経営に黄色信号が出ていると思われていますが、さて、実態はどうなのでしょう？

次ページからの貸借対照表を見て、まずは、ご自分なりに判断してみてください。

どこを見るかはお分かりですね？ さて、どう思われましたか？

日本マクドナルドホールディングス株式会社(2702)　平成27年12月期 決算短信

4．連結財務諸表

（1）連結貸借対照表

（単位：百万円）

	前連結会計年度 (平成26年12月31日)	当連結会計年度 (平成27年12月31日)
資産の部		
流動資産		
現金及び預金	28,628	20,388
売掛金	5,010	8,119
原材料及び貯蔵品	1,011	862
繰延税金資産	23	478
未収還付法人税等	2,707	-
その他	11,257	4,711
貸倒引当金	△134	△35
流動資産合計	48,504	34,524
固定資産		
有形固定資産		
建物及び構築物	82,015	83,645
減価償却累計額	△38,427	△38,164
建物及び構築物（純額）	43,587	45,481
機械及び装置	14,851	14,275
減価償却累計額	△10,501	△10,360
機械及び装置（純額）	4,350	3,915
工具、器具及び備品	13,560	10,957
減価償却累計額	△10,121	△8,623
工具、器具及び備品（純額）	3,439	2,334
土地	17,442	17,325
リース資産	7,960	7,612
減価償却累計額	△4,094	△4,738
リース資産（純額）	3,865	2,874
建設仮勘定	710	479
有形固定資産合計	73,394	72,410
無形固定資産		
のれん	497	1,195
ソフトウエア	3,070	6,760
その他	692	693
無形固定資産合計	4,260	8,650
投資その他の資産		
投資有価証券	56	56
長期貸付金	9	9
長期繰延営業債権	6,011	10,116
退職給付に係る資産	6,078	6,773
繰延税金資産	160	224
敷金及び保証金	44,212	41,457
その他	6,118	8,634
貸倒引当金	△757	△3,988
投資その他の資産合計	61,889	63,283
固定資産合計	139,544	144,344
資産合計	188,048	178,868

(単位：百万円)

	前連結会計年度 (平成26年12月31日)	当連結会計年度 (平成27年12月31日)
負債の部		
流動負債		
買掛金	545	303
短期借入金	－	5,000
1年内返済予定の長期借入金	－	2,500
リース債務	1,548	1,428
未払金	13,613	20,843
未払費用	4,857	4,502
未払法人税等	505	11
賞与引当金	276	428
店舗閉鎖損失引当金	20	1,681
たな卸資産処分損失引当金	288	337
資産除去債務	－	453
その他	5,814	3,993
流動負債合計	27,471	41,485
固定負債		
長期借入金	500	18,125
リース債務	3,292	2,428
繰延税金負債	994	1,351
再評価に係る繰延税金負債	390	311
賞与引当金	574	293
役員賞与引当金	91	30
役員退職慰労引当金	420	54
退職給付に係る負債	1,696	1,474
資産除去債務	4,565	4,149
その他	311	312
固定負債合計	12,836	28,530
負債合計	40,307	70,015
純資産の部		
株主資本		
資本金	24,113	24,113
資本剰余金	42,124	42,124
利益剰余金	84,319	44,955
自己株式	△1	△1
株主資本合計	150,555	111,191
その他の包括利益累計額		
土地再評価差額金	△4,667	△4,261
退職給付に係る調整累計額	1,671	1,736
その他の包括利益累計額合計	△2,996	△2,525
少数株主持分	181	187
純資産合計	147,740	108,853
負債純資産合計	188,048	178,868

最初に気づくのは、案外会社の規模は小さいんだ、ということでしょうか。資産規模ではファーストリテイリング（ユニクロ）の7分の1ほど。知名度は遜色ないと思いますが……。それはともかく、ファーストリテイリングと同じように、順に見てみましょう。

まず、**流動比率。流動資産の流動負債に対する割合**、でしたね。

すると……

流動資産３４５億２４００万円に対し、流動負債は４１４億８５００万円。

したがって、流動比率は、83・２％。１２０％以上が安定企業の指標でしたので、これはちょっと低いですね。日銭商売なのでいまのところ問題はありませんが、以前より大分悪くなっています（前年と比べてみてください）。

次に、**自己資本比率**を見ます。**資産に対して、純資産（資本）がどれだけあるか？**

すると……

資産合計１７８８億６８００万円に対し、１０８８億５３００万円。

自己資本比率は、約60％！

これはファーストリテイリングと大差ありません。この数字で見る限り優良企業です。

では、左の損益計算書の売上収益から割り出した月商と比べて、手元流動性を見てみましょう。こちらは、年間売上高合計の１８９４億７３００万円を一二で割った約１５７億円強の月商に対し、現金及び預金が２０３億８８００万円ですから、約１・３ヵ月分。

安定企業の指標である一ヵ月分は、クリアしています。

逆に言えば、以前より業績がかなり悪化しているので、借入金を増やして手元流動性を確保して安全度を高めているともいえます。

ついでに、利益剰余金を見ると、こちらも４４９億５５００万円と、売上げとの比較で見れば、けっしてファーストリテイリングにひけをとりません。

ふうむ。以上の結果をどう見るか？

そこで、前年の数字と比較してみます。決算書には昨年のものを併記することになっているのです。１４１〜１４２ページの貸借対照表をもう一度見てください。

すると……。

日本マクドナルドホールディングス株式会社(2702) 平成27年12月期 決算短信

（2）連結損益計算書及び連結包括利益計算書

連結損益計算書

（単位：百万円）

	前連結会計年度 （自 平成26年1月1日 至 平成26年12月31日）	当連結会計年度 （自 平成27年1月1日 至 平成27年12月31日）
売上高		
直営店舗売上高	159,749	142,539
フランチャイズ収入	62,505	46,933
その他売上高	65	0
売上高合計	222,319	189,473
売上原価		
直営店舗売上原価	153,572	142,513
フランチャイズ収入原価	48,856	45,151
その他売上原価	55	0
売上原価合計	202,484	187,665
売上総利益	19,834	1,807
販売費及び一般管理費	26,548	25,247
営業損失（△）	△6,714	△23,440
営業外収益		
受取利息	149	108
受取補償金	119	98
受取保険料	77	34
その他	167	193
営業外収益合計	515	434
営業外費用		
支払利息	94	190
貸倒引当金繰入額	279	1,009
店舗用固定資産除却損	1,200	1,312
賃貸借契約解約違約金	36	1
その他	166	379
営業外費用合計	1,776	2,893
経常損失（△）	△7,974	△25,898
特別損失		
固定資産除却損	339	506
固定資産売却損	99	89
減損損失	7,701	3,542
店舗閉鎖損失	-	927
店舗閉鎖損失引当金繰入額	-	1,681
早期退職制度関連費用	-	550
サプライチェーン契約精算損失	-	1,961
上海福喜問題関連損失	2,294	-
特別損失合計	10,495	9,259
税金等調整前当期純損失（△）	△18,469	△35,158
法人税、住民税及び事業税	802	△19
法人税等調整額	2,564	△192
法人税等合計	3,366	△212
少数株主損益調整前当期純損失（△）	△21,836	△34,946

まず、固定資産は約１３９５億円から１４４３億円へと微増しているのに、流動資産は約４８５億円から３４５億円と大きく減っています。

そして、負債。

負債合計が約４０３億円から７００億円へと激増。

その内訳は？　と思ってよく見ると、流動負債も固定負債も激増しています。

その理由は？　と思ってよく見ると……。


分かりましたね。

流動負債では、短期借入金が、固定負債では長期借入金が、合わせて約２２６億円も増えています。

つまり、それまでほとんど無借金経営に近かったのに、二〇一五年、急速に売上げが落ちて損失が拡大し、借金を大幅に増やしたということだったのです。

売上げはよくないけれど、いまだに自己資本比率が高いため、信用余力がある、つまり、お金を借りる力があるのです。

けれども、純資産の合計を見てください。

１４４７億４０００万円から１０８８億５３００万円へと、激減しています。利益余剰金が約４００億円減っているからです。これはその分、損（純損失）が出たからです。

その結果、二〇一四年は79％だった自己資本比率は61％となりました。

それでもまだ、自己資本比率は高い水準です。

ですから、簡単には潰れません。業績が回復すれば、立て直すことは十分に可能だと思います。ただ、本国からやってきた新社長の打ち出す戦略を見ていると、ちょっと心配にはなりますね。

来年の決算書を見て、また検討したいと思います。

3

損益計算書で、儲けの仕組みを見る

ファーストリテイリングと日本マクドナルド、驚きの原価率

次に、損益計算書の見方をお話ししましょう。

損益計算書というのは、第1章でも書いたように、英語で言えば、Profit and Loss Statement、略してPLとも呼ばれます。その名のとおり、売上げと費用、その差額としての利益を段階的に示したもので、貸借対照表と比べると、一般的にも直感的に納得しやすいものだと思いますので、最初から、実際の決算書を使ってご説明しますね。

まずは、ファーストリテイリングから。139ページで、手元流動性を計算するのに必要な月商を出すために、ご覧に入れたものの再掲です。

㈱ファーストリテイリング　(9983)　平成27年８月期　決算短信

（２）連結損益計算書及び連結包括利益計算書
連結損益計算書

（単位：百万円）

	注記	前連結会計年度 （自　2013年９月１日 至　2014年８月31日）	当連結会計年度 （自　2014年９月１日 至　2015年８月31日）
売上収益		1, 382, 935	1, 681, 781
売上原価		△683, 161	△833, 243
売上総利益		699, 773	848, 538
販売費及び一般管理費	5	△549, 195	△671, 863
その他収益	6	7, 025	8, 782
その他費用	6, 8	△27, 200	△20, 992
営業利益		130, 402	164, 463
金融収益	7	6, 001	17, 354
金融費用	7	△933	△1, 141
税引前利益		135, 470	180, 676
法人所得税費用		△56, 133	△63, 287
当期利益		79, 337	117, 388
当期利益の帰属			
親会社の所有者		74, 546	110, 027
非支配持分		4, 790	7, 360
合計		79, 337	117, 388

損益計算書にも表れるファーストリテイリングの儲かる構造

さて、損益計算書を見るときの主な目的、覚えていらっしゃいますか？

そう、会社が会計上、どれだけ儲かっているか？を見るためのものでした。

売上収益とあるのが、売上高です。１兆6817億8100万円！
さすがです。

でも、それだけでは、いい会社かどうかを判断することはできません。
損益計算書から会社を判断するポイントはいくつかありますが、まず、売上高を見た場合、必ず見なければならないのは次の点です。

❶売上高は、前年と比べて伸びているか？　落ちているか？

ファーストリテイリングの売上高（売上収益）は、前年の1兆3829億円3500万円から2割以上、21・6％伸びています。すごいですね。

そして、次の売上原価を見るのですが、その際は、

❷原価率が上がっているのか、下がっているのか？　その水準はどうか？

もっとも驚くべきは、原価率の低さ！

売上原価というのは、売り上げた分にかかっている原価なのですが（つくった、あるいは仕入れたけれど売れずに在庫になっている分は含まれません）、これが８３３２億４３００万円と、原価率50％をわずかながら切っています。

薄利多売のビジネスモデルではなかったのですね。

しまむらやニトリもそう。安さを売りにしていながら、実は厚利多売！

もうひとつ、損益計算書を見るときに注意しなければならないのは、利益にもいろいろあるということ。次の五種類の利益があります。

❶売上総利益（いわゆる粗利）
❷営業利益
❸経常利益
❹税引き前当期利益
❺当期利益

順に説明していきましょう。

❶売上総利益は、売上収益（売上高）から売上原価を引いたもの。

❷営業利益は、売上総利益から、販売費、一般管理費（合わせて「販管費」と略して呼ばれます）を引いたもの。

これが、本業の事業で得た利益になります。販管費には、人件費やオフィスの家賃、光熱費、交通費、倉庫運賃、通信費、宣伝広告費、会議費、交際費など、売上原価に含まれないほとんどすべての経費が入ります。

❸経常利益は、株の投資や借入れなどの金融活動など、通常の営業活動以外の収益と費用を、営業利益から差し引きしたもの。

❹税引き前当期利益は、経常利益から、土地の売却益や損害賠償の支払いなど、一過性の特別な損益を差し引きしたもの。

❺当期利益は、税引き前当期利益から、法人税などの税金を調整したもので、ようやく、これが、会社の当期の利益、いわゆる純利益となります。

これが株主に帰属する利益で、いったん貸借対照表の純資産の部の利益剰余金に入り、ここから株の配当が行われます。

以上が、一般的な日本式の損益計算書の項目なのですが、ファーストリテイリングのものには、経常利益の項目がありません。これは、米国式の会計基準を用いているからです。

ここでは、営業利益と当期利益に注目すればよいでしょう。

数字を確認しながらお読みいただいていますか？

さて、営業利益は、１６４４億６３００万円と、売上高の約10％。当期利益は、１１７３億８８００万円と、売上高の約７％。本業以外の金融収益や特別損益などによる大きな動きはなく、健全で高収益の経営が行われているものといえます。

このことの意味は、これから見ていく、日本マクドナルドやシャープ、JR九州のものと比べてみると、お分かりになると思いますので、楽しみに(?)していてください。

貸借対照表では分からなかった日本マクドナルドの危うさ

というわけで、もう一度、日本マクドナルドの損益計算書を見てみましょう。

まず、見るものは何でしたっけ?
そう、**売上高の推移**でしたね。
「売上高合計」を前年と比べると……、
2223億1900万円から1894億7300万円と、約15%落ちています。
でも、15%減ですんでいるのか……と思って、次のポイント、原価率を調べてみると
……。

日本マクドナルドホールディングス株式会社(2702) 平成27年12月期 決算短信

（2）連結損益計算書及び連結包括利益計算書

連結損益計算書

（単位：百万円）

	前連結会計年度 （自 平成26年1月1日 至 平成26年12月31日）	当連結会計年度 （自 平成27年1月1日 至 平成27年12月31日）
売上高		
直営店舗売上高	159,749	142,539
フランチャイズ収入	62,505	46,933
その他売上高	65	0
売上高合計	222,319	189,473
売上原価		
直営店舗売上原価	153,572	142,513
フランチャイズ収入原価	48,856	45,151
その他売上原価	55	0
売上原価合計	202,484	187,665 ①
売上総利益	19,834	1,807
販売費及び一般管理費	26,548	25,247
営業損失（△）	△6,714	△23,440
営業外収益		
受取利息	149	108
受取補償金	119	98
受取保険料	77	34
その他	167	193
営業外収益合計	515	434
営業外費用		
支払利息	94	190
貸倒引当金繰入額	279	1,009
店舗用固定資産除却損	1,200	1,312
賃貸借契約解約違約金	36	1
その他	166	379
営業外費用合計	1,776	2,893
経常損失（△）	△7,974	△25,898
特別損失		
固定資産除却損	339	506
固定資産売却損	99	89
減損損失	7,761	3,542
店舗閉鎖損失	-	927
店舗閉鎖損失引当金繰入額	-	1,681
早期退職制度関連費用	-	550
サプライチェーン契約精算損失	-	1,961
上海福喜問題関連損失	2,294	-
特別損失合計	10,495	9,259
税金等調整前当期純損失（△）	△18,469	△35,158
法人税、住民税及び事業税	802	△19
法人税等調整額	2,564	△192
法人税等合計	3,366	△212
少数株主損益調整前当期純損失（△）	△21,836	△34,946

売上原価合計（①）１８７６億６５００万円！

原価率99%⁉

特に、直営店舗の売上高と売上原価は、ほぼ同額。これは、店舗にかかる固定費なども全部原価に算入しているからでもありますが、それにしても、売上減の影響がいかに原価率を押し上げているかが分かります。当然、売上総利益は、わずか18億円。売上高の１%です。

前年も高い売上原価率ながら、それでもなんとか１９８億円の売上総利益をあげていたというのに！

そして、これまた当然、ここから販管費などを引いた営業利益は、マイナスなので営業損失となって、その金額は、マイナス２３４億円！

実は前年も赤字だったのですが、赤字額は、約３・５倍に。

営業外費用のところを見ると、店舗を閉鎖するにあたっての会計上のルールにしたがった、さまざまな損失もあり、結局、当期純損失（税引き後当期損失）は、営業損失、経常損失よりさらに拡大して、３４９億４６００万円の赤字となってしまいました。

これは、業績的にはかなり危機的な状況です。

貸借対照表的には、まだ少し余裕はあるけれど、損益計算書的には、危機的状況だということです。早急の改善が求められるわけです。まさに経営の手腕が問われるときです。

（日経新聞によれば、二〇一六年四月は「ビッグマック」をさらに大きくした「グランドビッグマック」が好調で売上げ減少に歯止めがかかっているとのことです。）

今後の業績に注目です。

4 キャッシュ・フロー計算書で、実際のお金の動きを確認してみる

黒字倒産、という言葉を一度は耳にしたことがあると思います。会計上の利益は出ているのに、お金が回らなくなって会社が潰れる、という状況です。会計上の利益と実際の現金の増減とは異なるからです。

そこで登場するのが、三番目の財務諸表、キャッシュ・フロー計算書です。

キャッシュ・フロー計算書では、現実のお金の流れ（どこで増えて、どこで減っているのか）を見ます。

キャッシュ・フロー計算書は、次の三つのセクションに分けて表されます。

❶営業活動によるキャッシュ・フロー

通常の事業で、どれだけの現預金を稼いでいるのか、損しているのか、が分かります。

❷投資活動によるキャッシュ・フロー

どれだけのお金を投資に使い、また投資を回収しているのか、が分かります。

❸財務活動によるキャッシュ・フロー

借入れや株式発行などによるお金の調達と返済、自社株買い入れや配当などの株主還元のお金の動きが分かります。

要するに、**営業キャッシュ・フローで稼いで、通常は投資キャッシュ・フローで使って、その最後の調整と配当を財務キャッシュ・フローでしている、**わけです。

ここで**重要なのは、まず営業キャッシュ・フローでどれだけ稼いでいるか、**です。

では、ファーストリテイリングのキャッシュ・フロー計算書を見てみましょう。
重要なのは、**営業活動でどれだけ現金を稼いでいるか**①でしたね。
これが、売上高の７％あればいいと、わたしは判断しています。
１３４９億３１００万円で、売上高の８％。またもや合格です。

で、投資活動によるキャッシュ・フロー②を見ると、マイナス７３１億４５００万円となっています。もっとも大きい「有形固定資産の取得による支出」③は、要するに新規出店などに伴う設備投資で、**積極的に投資していることが分かります**。それでも、約７３０億円と、稼ぎと比べたら少ない。つまり、約６００億円ほど余っているのです。

で、財務活動によるキャッシュ・フロー④を見ると、その約余った６００億円のうち、３３１億円を配当に回し、長期借入金を５０億円返し、新たに約18億円短期借入を増やし、最終的に残った４１１億円キャッシュポジションを増加させ、現金の期末残高⑤を３５５２億１２００万円としています（この数字が、１３７ページの**貸借対照表の資産の部の筆頭の、現金及び現金同等物の数字に一致している**のに、お気づきですか？）

㈱ファーストリテイリング　(9983)　平成27年８月期　決算短信

（４）連結キャッシュ・フロー計算書

（単位：百万円）

	前連結会計年度 （自　2013年９月１日 至　2014年８月31日）	当連結会計年度 （自　2014年９月１日 至　2015年８月31日）	
税引前利益	135,470	180,676	
減価償却費及びその他の償却費	30,808	37,758	
減損損失	23,960	16,146	
貸倒引当金の増減額（△は減少）	△24	372	
その他の引当金の増減額（△は減少）	2,703	5,096	
受取利息及び受取配当金	△897	△1,477	
支払利息	933	1,137	
為替差損益（△は益）	△5,104	△15,084	
固定資産除却損	391	2,479	
売上債権の増減額（△は増加）	△7,489	3,977	
棚卸資産の増減額（△は増加）	△45,627	△29,295	
仕入債務の増減額（△は減少）	10,420	△18,611	
その他の資産の増減額（△は増加）	△6,552	△1,900	
その他の負債の増減額（△は減少）	25,958	22,839	
その他	1,265	1,339	
小計	166,216	205,456	
利息及び配当金の受取額	896	1,477	
利息の支払額	△938	△1,155	
法人税等の支払額	△65,534	△84,728	
法人税等の還付額	9,954	13,881	
営業活動によるキャッシュ・フロー	110,595	134,931	①
定期預金の増減額（△は増加）	△2,156	△16,173	
有形固定資産の取得による支出	△41,414	△44,663	③
有形固定資産の売却による収入	1,399	261	
無形資産の取得による支出	△7,525	△6,503	
敷金及び保証金の増加による支出	△6,982	△8,849	
敷金及び保証金の回収による収入	841	3,442	
建設協力金の増加による支出	△2,892	△2,445	
建設協力金の回収による収入	1,895	1,895	
その他	511	△109	
投資活動によるキャッシュ・フロー	△56,323	△73,145	②
短期借入金の純増減額（△は減少）	862	1,814	
長期借入金の返済による支出	△3,826	△5,090	
配当金の支払額	△30,574	△33,127	
非支配持分への配当金の支払額	△633	△1,226	
リース債務の返済による支出	△3,656	△4,587	
非支配持分からの子会社持分取得による支出	△6,026	—	
その他	△205	431	
財務活動によるキャッシュ・フロー	△44,060	△41,784	④
現金及び現金同等物に係る換算差額	7,129	21,162	
現金及び現金同等物の増減額	17,340	41,162	
現金及び現金同等物期首残高	296,708	314,049	
現金及び現金同等物期末残高	314,049	355,212	⑤

次に、日本マクドナルドのキャッシュ・フロー計算書を見てみましょう。

ご想像のとおり、かなり悲惨な状況です。

営業活動によるキャッシュ・フローが、136億円、145億円と、二年続けてマイナス。つまり、本業でどんどんお金が出ていっています。なにしろ、売上高と売上原価がほぼ同じなのですから、販管費の分だけお金が出ていってしまっているわけです。


ところが、投資活動によるキャッシュ・フローを見ると、116億9000万円の有形固定資産の取得をしています。一方で、営業活動によるキャッシュ・フローの2行目の減価償却費を見ると、79億2200万円。細かい説明は省略すると、減価償却費は要するに、資産の価値の目減り分で、それ以上の投資をしているということです。店舗を閉鎖しているので、資産自体が減少していることも減価償却費が減っている原因です。

つまり、不採算の店舗を縮小しつつ、一方では新規開店や既存店の改装などを比較的積極的にしているということ。まだ財務的には借入れなどができる余力があるので、いろいろ打って出ているわけですね。新たな展開に期待というところでしょうか。

日本マクドナルドホールディングス株式会社(2702) 平成27年12月期 決算短信

（4）連結キャッシュ・フロー計算書

（単位：百万円）

	前連結会計年度 (自 平成26年1月1日 至 平成26年12月31日)	当連結会計年度 (自 平成27年1月1日 至 平成27年12月31日)
営業活動によるキャッシュ・フロー		
税金等調整前当期純損失（△）	△18,469	△35,158
減価償却費及び償却費	10,388	7,922
減損損失	7,761	3,542
店舗閉鎖損失	-	927
早期退職制度関連費用	-	550
サプライチェーン契約精算損失	-	1,961
貸倒引当金の増減額（△は減少）	463	3,131
店舗閉鎖損失引当金の増減額（△は減少）	△138	1,661
その他の引当金の増減額（△は減少）	△820	△506
退職給付引当金の増減額（△は減少）	△1,805	-
退職給付に係る負債の増減額（△は減少）	1,696	△238
退職給付に係る資産の増減額（△は増加）	△6,078	△763
受取利息	△149	△108
支払利息	94	190
固定資産売却損益（△は益）	99	89
固定資産除却損	1,068	1,550
売上債権の増減額（△は増加）	3,479	△3,109
たな卸資産の増減額（△は増加）	191	149
フランチャイズ店舗の買取に係るのれんの増加額	△470	△1,058
長期繰延営業債権の増減額（△は増加）	△6,011	△4,105
その他の資産の増減額（△は増加）	△4,931	4,003
仕入債務の増減額（△は減少）	△92	△242
未払金の増減額（△は減少）	△3,112	5,190
未払費用の増減額（△は減少）	△171	△364
その他の負債の増減額（△は減少）	1,714	△1,355
その他	188	227
小計	△15,107	△15,913
利息の受取額	42	5
利息の支払額	△86	△171
店舗閉鎖損失の支払額	-	△147
早期退職制度関連費用の支払額	-	△530
法人税等の支払額	△1,997	△542
法人税等の還付額	3,496	2,739
営業活動によるキャッシュ・フロー	△13,652	△14,560
投資活動によるキャッシュ・フロー		
有形固定資産の取得による支出	△12,387	△11,690
有形固定資産の売却による収入	372	502
敷金及び保証金の差入による支出	△1,007	△332
敷金及び保証金の回収による収入	0,110	3,132
ソフトウエアの取得による支出	△1,761	△4,075
資産除去債務の履行による支出	△246	△807
差入保証金の差入による支出	△400	-
その他	10	17
投資活動によるキャッシュ・フロー	△12,310	△13,252
財務活動によるキャッシュ・フロー		
短期借入れによる収入	-	5,000
長期借入れによる収入	-	22,000
長期借入金の返済による支出	-	△1,875
ファイナンス・リース債務の返済による支出	△1,533	△1,524
自己株式の取得による支出	△0	-
配当金の支払額	△3,999	△0,000
財務活動によるキャッシュ・フロー	△5,532	19,611
現金及び現金同等物に係る換算差額	△15	△38
現金及び現金同等物の増減額（△は減少）	△31,511	△8,239
現金及び現金同等物の期首残高	60,139	28,628
現金及び現金同等物の期末残高	28,628	20,388

営業キャッシュ・フローで159億円マイナスで、投資キャッシュ・フローで132億円使っているわけですからお金は足りないはずですね。

そこで、財務活動によるキャッシュ・フローを見れば分かるように、短期借入れ50億、長期借入れ220億の合計270億円の資金を調達して、なんとかつじつまを合わせているわけです。つい数年前までは、実質無借金経営だったというのに……。

不思議なのは、それでも、配当は続けていることです。39億8800万円も。前年とほぼ同額の配当をいまだに続けています。親会社に配当しないといけない、投資家を逃したくない、という事情もあるのでしょう。利益剰余金がまだ約450億円ありますしね。

けれども、利益剰余金がマイナスになると、配当もできなくなります。それがルールです。米国の親会社は、日本の事業投資家などへの持ち株売却を進めていますが、今後の業績に注目です。

演習問題

次に挙げるのは、ファナックという産業用ロボットの会社の貸借対照表と損益計算書をシンプルに示したものです。この会社をどのように評価しますか？　その理由は？

（ヒント　ここまで説明したように、流動比率や自己資本比率などの安全性を貸借対照表から、収益性を損益計算書から、見てください）

貸借対照表

資産の部		負債の部	
流動資産合計	1,273,355	流動負債合計	172,611
現金及び預金	871,236	固定負債	52,320
有価証券	120,000	負債合計	224,931
	⋮	純資産の部	
固定資産合計	338,271	株主資本合計	1,353071
有形固定資産	265,925	資本金	69,014
建物及び構築物	95,024	利益剰余金	1,500,635
土地	125,893	⋮	⋮
	⋮	その他の包括利益累計額合計	26,106
無形固定資産	950	少数株主持分	7,518
投資その他の資産	71,396	純資産合計	1,386,695
資産合計	1,611,626	負債純資産合計	1,611,626

（単位：100万円）

損益計算書

科目	金額
売上高	729,760
売上原価	350,746
売上総利益	379,014
販管費	81,175
営業利益	297,839
営業外収益	15,698
営業外費用	1,586
経常利益	311,951
税金等調整前当期純利益	311,951
当期純利益	207,599

（単位：100万円）

5 ここまできていた……
貸借対照表で分かるシャープの窮状

貸借対照表、損益計算書、キャッシュ・フロー計算書の三つの財務諸表の見方、お分かりいただけましたか？　たったこれだけの財務諸表についての「基礎的な知識」で、会社や世の中の見え方が、ぐっと広がった気がしませんか？

それでは、ここまでのレビューとしてシャープの貸借対照表を見てみましょう。

ご存じのように、シャープは、台湾の鴻海（ホンハイ）に買収されました。当初の買収金額が減額されたのは、基本合意後に、新たな損失の可能性が見つかったことと、二〇一六年三月期の決算が当初の見込みより大きく落ち込んだことが原因です。それだけ当初は分かっていなかった状況が、基本合意後に明らかになったということです。

(1) 四半期連結貸借対照表　（単位：百万円）

	前連結会計年度 （平成27年3月31日）	当第3四半期連結会計期間 （平成27年12月31日）
資産の部		
流動資産		
現金及び預金	258,493	234,533
受取手形及び売掛金	414,014	306,298
たな卸資産	338,300	299,089
その他	292,442	264,251
貸倒引当金	△4,054	△3,299
流動資産合計	1,299,195	1,100,872
固定資産		
有形固定費産		
建物及び構築物	658,741	660,716
機械装置及び運搬具	1,278,026	1,257,224
工具、器具及び備品	308,651	298,709
その他	172,616	146,652
減価償却累計額	△2,017,442	△1,994,861
有形固定資産合計	400,592	368,440
無形固定資産	42,484	41,753
投資その他の資産	219,555	220,178
固定資産合計	662,631	630,371
繰延資産	83	64
資産合計	1,961,909	1,731,307
負債の部		
流動負債		
支払手形及び買掛金	334,545	296,080
電子記録債務	89,338	66,876
短期借入金	840,026	637,404
1年内償還予定の社債	−	20,620
賞与引当金	15,230	7,377
製品保証引当金	17,483	18,936
買付契約評価引当金	54,655	54,449
その他の引当金	18,094	16,421
その他	317,583	261,442
流動負債合計	1,686,954	1,379,605
固定負債		
社債	00,000	10,000
長期借入金	53,470	40,258
引当金	610	503
退職給付に係る負債	85,277	80,754
その他	31,083	29,924
固定負債合計	230,440	191,439
負債合計	1,917,394	1,571,044
純資産の部		
株主資本		
資本金	121,885	500
資本剰余金	95,945	222,445
利益剰余金	△87,448	24,000
自己株式	△13,893	△13,898
株主資本合計	116,489	233,057
その他の包括利益累計額合計	△86,323	△84,903
非支配株主持分	14,349	12,109
純資産合計	44,515	160,263
負債純資産合計	1,961,909	1,731,307

まず、資金繰りの観点からこの章の最初にお話しした、**流動比率、つまり、流動資産と流動負債の比較**を見てみましょう。数字は二〇一五年一二月末のものです。

流動負債のほうが多いですね。資金繰りが厳しいのです。それも大きな赤字が出ているわけですから、資金を借入れで賄っているわけです。

それに関連して注目すべきは、**流動負債と固定負債の比較**。主な流動負債である短期借入金（一年以内に返済しなければいけないお金）の多さです。

約６３７４億円。長期借入金４０２億円の15倍もある！

これはどういうことでしょう？

そう。**銀行が長期では貸してくれなくなった**のです。

銀行は、危ないところには短期でしか貸しません。倒産されると怖いですから、短期で貸して、危なくなったらすぐに引き上げやすいようにしているわけです。実は、その後、二〇一六年三月末までが期限の借入金５１００億円の返済を、なんとか一ヵ月延長してもらった、ということもありました。

では、**純資産**を見てみましょう。

純資産のうちの資本金が、前年の1218億円から一気に5億円にまで減っています。これは、いわゆる減資を行ったわけです。これとともに、銀行からの資本注入もあり、その結果、純資産合計は、前年の445億円から1602億円となり、前年わずか2%しかなかった自己資本比率（資産に対する純資産の割合）は、10%弱になりました。が、二〇一六年三月末には大きな損失がさらに出たため、マイナスとなってしまいました。そこに、今般、鴻海が増資をすることになったのです。純資産を厚くし、資金繰りもよくしようということです。

損益計算書は、もう見なくても想像がつくと思います。

二〇一五年一二月までの3四半期で営業損失290億円、経常損失528億円。ともに、前年は、「損失」ではなく、一応「利益」でした。つまり黒字でした。売上げも、2兆904億円から1兆9430億円へと1500億円ほど低下。利益の回復は難しかったのです。

実は、この貸借対照表にはない「偶発債務」が、基本合意後にさらに3500億円出てきました。「偶発債務」とは、今後裁判で負ける可能性があるなど、将来不確定だが損失が発生する可能性のある事象です。それにより、当初7000億円と提示されていた買収価格が減額され、結局、鴻海がシャープに3888億円出資することで66％の株式を取得することになったのです。

これを叩くマスコミが多かったのですが、そもそも純資産が1600億円しかない会社を、3888億円で買ってくれるわけです。なぜでしょうか？

それが、のれんです。事業に魅力を感じて、会計上の価値（純資産）以上の金額で買収すると「のれん」が発生します（こののれんをどのように償却するかは、日本式の会計ルールと、国際基準であるIFRSや米国基準の会計ルールでは異なります。日本基準では二〇年以内の定額償却を要しますが、IFRSや米国基準では被買収企業の業績が落ちない限り償却を必要としません）。ともあれ、鴻海は、のれんを容認して買収するほど事業に魅力を感じていたということでしょう。

それにしても、シャープは、どうしてこんなふうになってしまったのでしょう？

二〇〇六、七年あたりまでは、絶好調でした。液晶のシャープとして「世界の亀山モデル」とまで呼ばれていました。

そこで、大阪の堺市に周辺設備も含めて約4600億円かけて、当時世界最先端の液晶工場をつくりました。必ずしも選択と集中の戦略の失敗だけとはいえません。同じ関西の家電メーカーの万年二番手として、パナソニックに対する対抗意識もあったのかもしれません。

結局、それがあだとなりました。

運も悪かったのでしょう。その直後に、リーマンショック。ようやく立ち直ったかな、と思った二〇一一年に、震災。その間に、サムソンが液晶の世界を席巻していきました。

なお、国がらみの産業革新機構ではなく、台湾の鴻海への身売りが決まったのは、産業革新機構は銀行に債権放棄を強要するような案だったので、実質銀行の支配下にあるシャープにとって、その選択肢はほとんどなかったとわたしは考えています。また、革新機構はジャパンディスプレイといっしょにする案を考えていたようですが、それもなかなかむずかしかったと思います。いずれにしても、鴻海のもとでの再起を期待したいものです。

6 財務諸表が読めるようになると、ＪＲ九州の上場が許せなくなる!?

この章のまとめとして、最後に、ＪＲ九州の財務諸表を見てみましょう。ちょっと上級編です。ＪＲ九州は、いま上場しようとしています。左は、決算短信の一部ですが、上場会社の基準に準拠したような形になっています。ここまで勉強してきて財務諸表を読めるようになった方なら、世の中が見えすぎて、腹が立ってくるかもしれません。わたしはモーレツに腹を立てています。ＪＲ九州に対してだけでなく、政治不信も広がります。

まず、「連結経営成績」の二七年三月期のところ。売上高が、３５７４億円、営業利益が１２７億円ですね。そして、経常利益２５５億円、当期純利益１５０億円です。当期純利益が売上の４％ですから、まずまずいい会社です。そこだけ見ると別に問題は

平成27年３月期　決算短信

平成27年５月８日

会　社　名　九州旅客鉄道株式会社

URL　http://www.jrkyushu.co.jp/

１．平成27年３月期の連結業績（平成26年４月１日～平成27年３月31日）

（１）連結経営成績　（%表示は対前期増減率）

	売上高		営業利益		経常利益		当期純利益	
	百万円	%	百万円	%	百万円	%	百万円	%
27年３月期	357,422	0.7	12,782	40.9	25,574	20.5	15,012	29.8
26年３月期	354,810	3.5	9,072	19.7	21,216	22.3	11,566	91.2

なさそうですが……。でも、ちょっと待って！　ここで、あれ？　と疑問に思っていただかないと困ります。

ふつうの会社というのは、ファーストリテイリングのような優良企業にしろ、日本マクドナルドのような黄色信号の会社にしろ、本業の儲けである営業利益が中心で、経常利益は、本業以外の主に財務活動の結果として少し変わる程度だったはずです。

それが、**このＪＲ九州では、経常利益が営業利益のちょうど二倍もある！**

その結果、税引き後の純利益も、営業利益を上回っています。

あれ？　本業以外に、何でそんなに儲けているの？　疑問に思えてきたでしょう？

そうしたら、損益計算書を見ます。すると……。

（2）連結損益計算書

（単位：百万円）

科目	前連結会計年度（自 平成25年4月1日 至 平成26年3月31日）	当連結会計年度（自 平成26年4月1日 至 平成27年3月31日）	増減
Ⅰ営業収益	354,810	357,422	2,611
Ⅱ営業費	345,737	344,639	△ 1,098
1．運輸業等営業費及び売上原価	265,052	260,780	△ 4,272
2．販売費及び一般管理費	80,685	83,859	3,174
営業利益	9,072	12,782	3,709
Ⅲ営業外収益	764	864	100
1．受取利息・受取配当金	129	121	△ 8
2．その他の営業外収益	634	743	108
Ⅳ営業外費用	635	662	26
1．支払利息	555	545	△ 10
2．その他の営業外費用	80	117	36
Ⅴ経営安定基金運用収益	12,015	12,590	575
経常利益	21,216	25,574	4,358
Ⅵ特別利益	11,252	36,369	25,117
1．工事負担金等受入額	8,881	33,360	24,478
2．災害に伴う受取保険金	1,300	–	△ 1,300
3．その他の特別利益	1,070	3,009	1,938
Ⅶ特別損失	10,104	34,243	24,138
1．固定資産圧縮損	8,671	33,276	24,604
2．その他の特別損失	1,432	966	△ 465
税金等調整前当期純利益	22,364	27,701	5,336
法人税、住民税及び事業税	7,018	9,085	2,067
法人税等調整額	3,069	2,939	△ 130
少数株主損益調整前当期純利益	12,275	15,675	3,399
少数株主利益	709	663	△ 45
当期純利益	11,566	15,012	3,445

（注）記載金額は、百万円未満を切り捨てて表示しております。

ありました！
経常利益のすぐ上に、営業利益の金額とほぼ同額の収入が。
見ると、「経営安定基金運用収益」とあります。しかも、前年もほぼ同額あります。

さらに、次のページからの連結貸借対照表を見ると、資産の部に、流動資産とも、固定資産とも独立して、「Ⅲ経営安定基金資産」というのがあり、約４５５０億円が計上されています。鉄道会社なら当然の固定資産（線路とか駅とか土地とか）の５７０９億円と比べても変わらないほどの金額です。純資産を見ると、「経営安定基金」という項目があり、３８７７億円計上されてあり、他の純資産と区別されています。

いったい、これは何でしょう？

お察しのとおり、国から（つまりわたしたちの税金から）与えられたお金です。旧国鉄が分割民営化されるときに、三島（さんとう）会社（ＪＲ北海道・ＪＲ四国・ＪＲ九州）に対して、鉄道事業が赤字になるだろうから、その赤字額を運用益で補填するためにと、経営安定基金として与えられた資産なのです。

（単位：百万円）

科　　目	前連結会計年度（平成26年３月31日）	当連結会計年度（平成27年３月31日）	増　減
（負債の部）			
Ⅰ流動負債	171,416	134,975	△　36,440
1．支払手形及び買掛金	36,196	30,473	△　5,723
2．短期借入金	19,757	3,865	△　15,891
3．未払金	43,694	44,708	1,014
4．未払法人税等	4,543	7,167	2,624
5．預り連絡運賃	1,905	1,245	△　659
6．前受運賃	7,569	5,305	△　2,263
7．前受金	38,683	24,516	△　14,166
8．賞与引当金	8,641	8,723	81
9．その他	10,426	8,969	△　1,456
Ⅱ固定負債	194,530	234,741	40,211
1．長期借入金	78,534	115,238	36,704
2．安全・環境対策等引当金	4,016	5,398	1,381
3．退職給付に係る負債	73,935	73,613	△　321
4．資産除去債務	1,067	1,127	60
5．その他	36,976	39,363	2,386
負債合計	365,946	369,717	3,770
（純資産の部）			
Ⅰ株主資本	324,960	337,617	12,656
1．資本金	16,000	16,000	−
2．資本剰余金	171,908	171,908	−
3．利益剰余金	137,051	149,708	12,656
Ⅱ経営安定基金	387,700	387,700	−
Ⅲ経営安定基金評価差額金	25,260	45,722	20,461
Ⅳその他の包括利益累計額	△　5,386	△　4,557	829
1．その他有価証券評価差額金	256	514	258
2．為替換算調整勘定	111	153	41
3．退職給付に係る調整累計額	△　5,754	△　5,224	529
Ⅴ少数株主持分	7,790	4,754	△　3,036
純資産合計	740,325	771,236	30,911
負債純資産合計	1,106,271	1,140,954	34,682

（注）記載金額は、百万円未満を切り捨てて表示しております。

（1）連結貸借対照表

（単位：百万円）

科　　　目	前連結会計年度（平成26年3月31日）	当連結会計年度（平成27年3月31日）	増　減
（資産の部）			
Ⅰ流動資産	113,110	114,979	1,869
1．現金及び預金	13,946	8,635	△　5,311
2．受取手形及び売掛金	28,868	26,715	△　2,152
3．未収運賃	1,393	1,948	554
4．有価証券	1,500	3,700	2,200
5．たな卸資産	31,729	40,883	9,153
6．繰延税金資産	5,777	6,241	463
7．その他	29,980	26,950	△　3,029
8．貸倒引当金	△　86	△　95	△　8
Ⅱ固定資産	566,370	570,976	4,605
A．有形固定資産	516,912	532,441	15,529
1．建物及び構築物	304,657	314,615	9,957
2．機械装置及び運搬具	63,054	64,370	1,316
3．土地	95,650	104,994	9,344
4．建設仮勘定	42,642	37,805	△　4,837
5．その他	10,907	10,655	△　251
B．無形固定資産	9,882	8,512	△　1,370
C．投資その他の資産	39,575	30,021	△　9,553
1．投資有価証券	4,762	6,021	1,259
2．繰延税金資産	18,214	7,682	△　10,531
3．退職給付に係る資産	418	548	129
4．その他	17,400	16,234	△　1,165
5．貸倒引当金	△　1,220	△　465	755
Ⅲ経営安定基金資産	426,791	454,998	28,207
A．流動資産	37,811	41,740	3,928
1．現金及び預金	713	135	△　578
2．短期貸付金	22,098	14,605	△　7,492
3．有価証券	15,000	27,000	12,000
B．投資その他の資産	388,979	413,258	24,278
1．投資有価証券	7,817	8,142	325
2．長期貸付金	22,714	8,108	△　14,605
3．金銭の信託	358,447	397,006	38,558
資産合計	1,106,271	1,140,954	34,682

（注）記載金額は、百万円未満を切り捨てて表示しております。

純資産にその経営安定基金が計上されているということは、株式同様、出資しているということと同じです（「JR会社法」では一二条三項で「基金は取り崩してはならない」と規定されています。与えているのは運用益だけなのですから当然ですね）。JR九州の場合、それを運用し、毎年運用益を120億円以上出しているということだったのです。

でも、それだけだったら、まあ、鉄道事業を守ることは地域にとってとても大切なことですから、しかたないかな、と思いますね。

問題は、ちょっと計算してみれば分かると思いますが、毎年3％もの運用益を出しているということです。いまのご時世、そんなに運用益が出せるのだったら、銀行も国民も苦労しないはず。年金のGPIFですら、運用に四苦八苦しているというのに、JRが毎年、きちんと？　不思議ですが、ここではその詳細は省きます。

次に、左のセグメント情報で、営業利益の中身を見てみましょう。いくつかの項目に分かれていますが、なんと肝心の「運輸サービス」は赤字で（これを経営安定基金の運用益が補填）、儲かっているのは、「駅ビル不動産」でした。

セグメント情報

前連結会計年度（自　平成25年4月1日　至　平成26年3月31日）　（単位：百万円）

	運輸サービス	建設	駅ビル不動産	流通外食	その他	計	消去又は全社	連結
Ⅰ売上高及び経常損益								
売上高								
（1）外部顧客に対する売上高	170,641	31,824	45,025	88,169	19,149	354,810	―	354,810
（2）セグメント間の内部取引高又は振替高	3,576	53,494	4,832	321	34,104	96,329	(96,329)	―
計	174,218	85,319	49,857	88,491	53,253	451,139	(96,329)	354,810
営業費用	189,210	81,239	33,104	85,338	52,341	441,233	(95,496)	345,737
営業利益（又は営業損失）（△）	△ 14,991	4,079	16,753	3,152	911	9,905	(833)	9,072
営業外損益	12,113	93	△ 16	60	117	12,368	(224)	12,143
経常利益（又は経常損失）（△）	△ 2,878	4,172	16,736	3,213	1,029	22,274	(1,058)	21,216
Ⅱ資産、減価償却費及び資本的支出								
資産	814,947	55,863	205,852	33,368	66,176	1,176,208	(69,936)	1,106,271
減価償却費	27,295	707	6,045	1,432	947	36,428	(504)	35,923
資本的支出	46,310	1,198	34,125	1,671	1,421	84,727	(553)	84,173

（注）記載金額は、百万円未満を切り捨てて表示しております。

まあ、それでも利益を出しているのだから、上場してもいいじゃないですか、とおっしゃるかもしれません。でも、よく考えてみてください。

赤字必至のローカル線を運営していかなければならないので税金を投入し、運用益が出るように便宜も図ってもらっているんですよ！

肝心の鉄道事業は赤字だけれど、運用益に加えて、持っている土地を使った不動産業がうまくいっていることもあるし、基金のおかげで、バランスシートも健全な状態だから、上場しようと思います、ですって？

いいですよ、その際、最初に投入した基金を国民に返してくれるのでしたら。会計上は「出資」と同じ扱いですからね。

政府の資産ということは国民の資産です。ところが、それは返さない、それどころか、自分たちのものにしてしまおうというわけです。上場に際して、かつていったん与えられたものだから、この際もう永久にもらってしまおうという方針なのです。

実際に与えたのはその「運用益」だったはずです。にもかかわらず、基金を上場時に政府からの負債等に替えるのならまだしも、ＪＲ九州がもらってしまうことになったのです。

３８７７億円を上場の「どさくさ」に紛れてもらってしまうなど新国立競技場以上の杜撰さとしか言いようがありません。

これを、ふつうの会社に置き換えると、最初の株主に、上場することになりましたので、あなたが出資してくれた株は全部タダでください、と言っているのと同じです。そんな道理が通るわけがありません。

実際、その基金は、ＪＲ九州にあげたものではなく、会計上は預けたお金という扱いです。だから純資産に計上されているのです。

　ＪＲ九州は上場時に基金をもらったら、当然、その分利益が出ますが、それで、新幹線の賃料（新幹線の路線は別法人の所有）を二〇年分前払いで支払うそうです。利益のかさ上げです。しかし、二〇年後には、経営はどうなるのでしょうか。その分、確実に利益は下がります。

　また、上場したら、政府はその上場益で、これだけの財政赤字があるなか、長崎の整備新幹線をつくるという噂もあります。儲かる可能性はほぼゼロ。ゼネコンや地域の利権を持っている人たちが潤うだけで、上場益はあっというまに消えてしまうでしょう。

　政府の予算はフローでしか見ていませんから、拠出したものが今回のように「資産」となっていようが「費用」となっていようが、役人も国会議員も、出ていったお金は出ていったものくらいにしか考えていないのです。貸借対照表という概念がないのです。資産であろうが費用であろうが、気にしていないのか、分かっていないのです。

　賢い人は、分かっていても、分からないふりをしているのかもしれませんね。

　結局、ＪＲ九州の上場とは何なのでしょうか。その推進役は誰なのでしょうか？

さて、どうですか？

ちょっと財務諸表が読めるだけで、なかなか報道されない世の中のカラクリまで見えてきてしまいませんか？

ここでお話しした程度のことでいいのです。貸借対照表や損益計算書の基礎的な知識をもっと多くの人が知って、新国立競技場だけではない、税金のさまざまな杜撰（ずさん）な使われ方を監視し、声を上げていったら、国の財政ももっと健全になるのではないでしょうか？

要は、関心を持つことですが、そのためにも、「基本的な数字」と「基礎的な知識」が必要なのです。

ある程度、財務諸表の読み方が分かれば、あとは慣れです。自社や関心のある会社の財務諸表をどんどん見ていってください。

【この章のまとめ】

❶会計の「基礎的な知識」があれば、会社や社会が見える。

❷貸借対照表で、「手元流動性」「流動比率」「自己資本比率」を見て、会社の安全性を確認する。

❸損益計算書から収益性を見るが、売上高の伸びや原価率には常に注意。

❹利益とキャッシュは違う。キャッシュ・フロー計算書の、営業キャッシュ・フロー、投資キャッシュ・フロー、財務キャッシュ・フローから、キャッシュの流れを把握する。

第4章

「数字」の見方　四つの基本

前作の『ビジネスマンのための「数字力」養成講座』では、数字の見方七つの基本として、次の七つを取り上げました。ざっとレビューしてみましょう。ついでに、クイック演習もつけてみました（前回と同じものも変えたものもあります）。

❶全体の数をつかむ

その数字が属する全体の数はいくつか？　その中でその数字の占める割合は？

全体の数をつかむことによって、その数字の持つ意味を知り、問題の本質を的確につかむことができます。

クイック演習　**日本人の個人消費の年間合計額はだいたいいくら？**

ヒント　本文中に、ＧＤＰの６割が個人消費で支えられていると書きましたね。

❷大きな数字を間違わない

そして、まずはざっくりいくつか、と概数で把握することです。

日本の貿易収支とかＧＤＰなど、ざっくりいくらか、という視点でとらえること。

小さな数字にとらわれて、大きな数字を間違わないことです。

クイック演習　**日本で一番大きなトヨタ自動車の売上高は？**

ヒント　これは知らないと答えようがないですね。ニュースで必ず出てきますので、重要な大きな数字は、覚えておくことが大切です。

❸ビッグフィギュアを見る

桁の大きな数のかけ算や割り算となると、途端に桁を間違えてしまったり、決算書のように単位が千円とか百万円とかなっていると、そもそも桁の読み方を間違えてしまうことがよくあります。数字のカンマが三桁おきについているのも、見慣れていない人には戸惑う原因のひとつのようです。

たとえば、万×万＝億　億×万＝兆　というように覚えておくなど、まずは、桁の数え方、計算の仕方に慣れることです。

クイック演習　**消費税が１％上がると、税収はいくら増える？**

ヒント　本文中にも触れましたが、❶の個人消費の合計額が分かれば、その１％となりますので……。

❹大切な小さな数字にはこだわる

たとえば、合計特殊出生率など、コンマいくつの数字で、将来の人口推計値は大きく変わってきます。小さな数字でも積み重なることによって大きなインパクトをもたらすものについては、細部までこだわる必要があります。

クイック演習

日本の現在の合計特殊出生率は？　人口が均衡する合計特殊出生率は？

ヒント　先に少し触れましたが、推測してください。分からなければ調べてください。調べることで関心が持てます。

❺定義を正確に知る

これはすでに詳しく説明した「基礎的な知識」です。たとえば、名目GDPと実質GDPの違いが分からないままでは、経済指標を見ても、判断することができませんね。定義は「言葉」で表現されますが、数字並みの厳密さで扱う必要があります。

クイック演習

マネタリーベースとマネーサプライの違いは？

ヒント　これも知らないと答えようがないですね。両者の関係も考えてください。207ページにヒントがあります。

❻時系列で見る

経済や会計の数字が語られるときは、必ず、「前年同月比」が登場します。要するに、上昇トレンドにあるのか下降トレンドにあるのか？　特に、GDPや景気指標などは、実数よりも、前月より○％上昇、○％下落、という形で語られることが少なくありません。

時系列で見ることは、数字の見方の基本中の基本です。

クイック演習　**あなたの体重のこの一年間の推移は？**

ヒント　記録をつけていないと、分からないでしょうが……。

❼他と比較する

日本の累積赤字は、他国と比べてどうなのか？　GDPと比べてどうなのか？　対GDP比は他国と比べてどうなのか？　国民一人あたりに換算すると、どうなのか？

多くの数字は、他社や他国の数字と比べることによって意味を持ちます。

クイック演習　**あなたの会社の業界内売上げシェアは？　順位は？**

ヒント　これは、❶の全体の数を知る、の演習ともいえますが。

いかがでしたか?

ごく簡単ですが、数字の見方というものの基本がなんとなくお分かりいただけたのではないかと思います。

本章では、以上を踏まえつつ、次の四つを重要な「数字の見方」として取り上げます。

❶重要な数字とその定義を知っておく。
❷全体の数字の中での位置づけを知る。
❸統計的に考える。
❹数字と数字を関連づけ、「仮説」を立てる。

特に、❸統計的に考える、❹数字と数字を関連づけ、「仮説」を立てる、は今回新たに加えたやや高度な「数字力」です。

では、始めましょう。

1　重要な数字とその定義を知っておく

これについては、特に重要な、数字力の基本中の基本として、第2章と第3章で、「経済」の数字と「会計」の数字に分けてたっぷりお話ししましたね。

いっとき「フェルミ推定」というのが話題になりましたが、ある程度の洞察力があると、少ない既知の数字から、未知の数字を推定することができます。しかし、それをするにも、「基本的な数字」と「基礎的な知識」を知らないと始まりません。

というわけで、第2章と第3章の「基本的な数字」と「基礎的な知識」を折に触れて復習してください。特に、「基本的な数字」はどんどんアップデートされていきますから、新聞やテレビ、ネットなどから、信頼できる数字を知り、常にアップデートしてください。

クイック演習　「現金給与総額」の定義は？

2 全体の数字の中での位置づけを知る

数字は、全体の中でどういう意味合いがあるのか、という視点でとらえることが重要です。

たとえば、企業経営で重要なのは、自社の業界内でのシェアを上げることです。営業部員なら、営業部の中での自分の位置づけを知っていることも重要です。

このことについては、前作のレビューでも取り上げましたので、ここでは、少し視点を変えて、その重要性についてお話ししましょう。

最近とても違和感があったのは、JR東海のある裁判です。

JR東海は、5700億円以上もの営業利益を出し、営業利益率が30%を超える超優良企業です。それが、愛知県の大府市で線路内に立ち入り、電車と接触事故を起こして亡くなった認知症を患う人の遺族に対して、その監督責任を訴え、720万円の賠償を求める訴訟を起こしたのです。ニュースでご覧になった方も多いと思います。結局、最高裁で本件については監督責任はない、ということで結審したのですが、地裁、高裁では、JR東海が勝ちました。

もちろん、理屈から言ったら、電車を止めたのだからお金を払えというJR東海の言い分も通るのかもしれません。けれども、そもそも国鉄時代から税金を大量に投入され、現在も独占企業として、5700億円も儲けている会社がすることでしょうか？

5700億円の中の7200万円です。これはもう、見せしめ以外のなにものでもないでしょう。そんなことをするくらいだったら、たとえば東京の地下鉄ではよく見かけるホームドアを設置するとか、踏切のセキュリティーを強化する工事をするなど安全対策に利益を投資すべきです。

JR東日本も同様です。よく人身事故があり、そのたびに電車が遅れますが、こちらもJR東海ほどではないにしろ、同じく1000億円単位の利益が出ているのですから、ホームドアをつけるなど、なぜしないのでしょうか？

これが一般企業の工場などに認知症の人が入ってきて操業を止められました、それで、少し賠償をしてくれませんか？ というのでしたらまだ分かりますが、独占のもとに過剰な利益を出している企業、それも対策を十分に立てていない企業がすることだとは到底思えません。もし独占企業でなければ、そのような訴訟を起こすことと、それによって企業イメージが下がり、他社を選ぶ人が増え、場合によっては不買運動まで起こることなどのリスクを、全体から総合的に考えたうえで判断することになるでしょう。

そもそも独占企業がこんなに利益を出していること自体がおかしいのです。儲かっているのなら、新幹線の運賃を下げるべきです。新幹線の運賃の高さが、航空運賃の高さにつながっているのです。日本の航空運賃が諸外国に比べて非常に高いのは有名な話です。でも、航空会社は基幹路線では乗客を新幹線との取り合い、という形で考えていますから、新幹線の運賃が指標になっているのです。

いや、わたしたちは赤字のローカル線もやらなければいけないので新幹線の運賃は高くしておかないといけないのです、とかれらは言うでしょう。実際、JR東海は、東海道新幹線以外みんな赤字です。でも、赤字のところへの投資は貧弱です。

JRに限らず、ガス事業、電力会社など、独占が認められている事業というのは、規模が必要だから。「規模の経済（economy of scale）」で安く提供できるからです。みんなが小さく細切れにやるよりもまとめてやったほうが、経済的に国民に恩恵が与えられるからです。それが異常な利益を出しているなどというのは、「独占」の自己矛盾です。

それでなおかつ７２０万円を、それも家族を失ってお気の毒な人に払え、などと言うのは、自分たちが独占のあるべき姿に反して、これほど儲けさせてもらっているということ自体に対する認識がないからです。独占企業のごう慢としかいいようがありません。

それが「数字力」とどういう関係があるのですか？ と言われそうですが、７２０万円という数字を５７００億円という数字の中でとらえると、こんなふうに世の中の実態も見えてくる、という例としてお話ししました。

クイック演習

① ７２０万円は５７８６億円の何％ですか？
② あなたの携帯電話関連費用は月収の何％ですか？
③ あなたが住む都道府県の人口とＧＤＰは日本全体の何％ですか？
④ あなたの金融資産のうち預貯金の占める割合は何％ですか？
⑤ ①から④までのそれぞれに答えてみて、気づいたことは何ですか？

3 統計的に考える

ビッグデータの活用の広まりとともに、ここ二、三年、ビジネスマンの間でも、統計学の知識の重要性がにわかに高まってきているようです。具体的な計算の方法は、エクセルや専門職に任せるとしても、そもそも統計学的に考える姿勢は、「数字力」の重要な要素です。そもそも「数字力」とは、広い意味での「統計的にものを見る力」と置き換えてもいいくらいです。

ここでは、数字を見るうえで、必ず知っておきたい統計的な数字の見方について、例を挙げてお話ししましょう。

統計の基本として、ビジネスパーソンが知っておくべきことを二つだけ挙げるとしたら、次になります。それぞれ、定義が言えますか？

1　平均値と中央値と最頻値の違い
2　正規分布と偏差値の関係

相対的貧困率というのは、平均値でも最頻値でもなく、中央値から見た貧困率

では、例を挙げます。

最近、給食費を払えない児童生徒が一クラスで五、六人いるなど、日本の「相対的貧困率」が上がっているというニュースをよく耳にすると思います。日本の相対的貧困率は、16・１％で、先進国の中では、米国に次ぐ高さです。

では、日本は本当にインドよりも所得の少ない人が多い？　イギリスよりも格差が大きいのでしょうか？

そもそも「相対的貧困率」って何なのでしょう？

答えを言えば、「所得の分布における中央値の50％に満たない人々の割合」をいいます。
ここで、まず注意しなければいけないのは、「**中央値**」という言葉です。「平均値」ではありません。では、「中央値」ってどういう数字なのか、ご存じですか？

中央値というのは、データを小さい順に並べたときに、ちょうど真ん中に来る値のことです。

たとえば、次のグループの中央値は、28歳。平均値32・4歳とは異なりますね。

Aさん　22歳　　Bさん　25歳　　Cさん　28歳　　Dさん　35歳　Eさん　52歳

中央値は一般に、ふつうの平均値（わたしたちがよく知っている、すべてを足して標本数で割ったもので、算術平均とも呼ばれます）よりも、場合によっては実情をよく表す数値となります。所得などは、富裕層に多く偏る傾向のある分布をしているので、平均値をとると、富裕層に引きずられて高くなりがちです。

統計では、「平均値（算術平均）」と「中央値」と「最頻値」三つがあります。ときどき不適切な値を用いているデータもありますので、数値を見たとき、どの値を使っているのかを確認することが重要です。

では、**「最頻値」**とは、何でしょう？

通常は、わたしたちは「平均」というと、すぐ全部を足して、人数や個数で割ったものを出しますが、たとえば、右の五人のグループの特徴を示すのに、平均年齢32・4歳というのは最適でしょうか？　中央値28歳というのは、どうでしょう？

この場合、ベテランもいるけれど、二〇代が過半数のグループ、というのがふつうの見方でしょう。そういうときに用いるのが、「最頻値」です。

最頻値というのは、基準の数値を一定の範囲で階級分けしたとき、もっとも多くの標本が集中する階級を指します。

いまの例では、「二〇代」となります。最頻値はより大多数の実感に近い数値だともいえるでしょう。

日本の相対的貧困率の話に戻りますと、日本人の所得の中央値は、244万円。意外と低いと思われるかもしれませんが、これは、年金世帯が多いからです。3500万人近く高齢者がいますからね。ひとり世帯も少なくありません。相対的貧困層の所得は、その半分ということですから、122万円です。ここには母子家庭も多く、現在、給食費も払えない家庭の子どもの貧困が問題になっているのです。

偏差値って何？　正規分布って？

正規分布や標準偏差、よく聞く言葉ですが、耳にすると、それだけで引いてしまう人も、少なくないはず。でも、「偏差値」という言葉ならお馴染みでしょう。ご自分の大学受験時代の偏差値もよく覚えていることと思います。

標準正規分布表

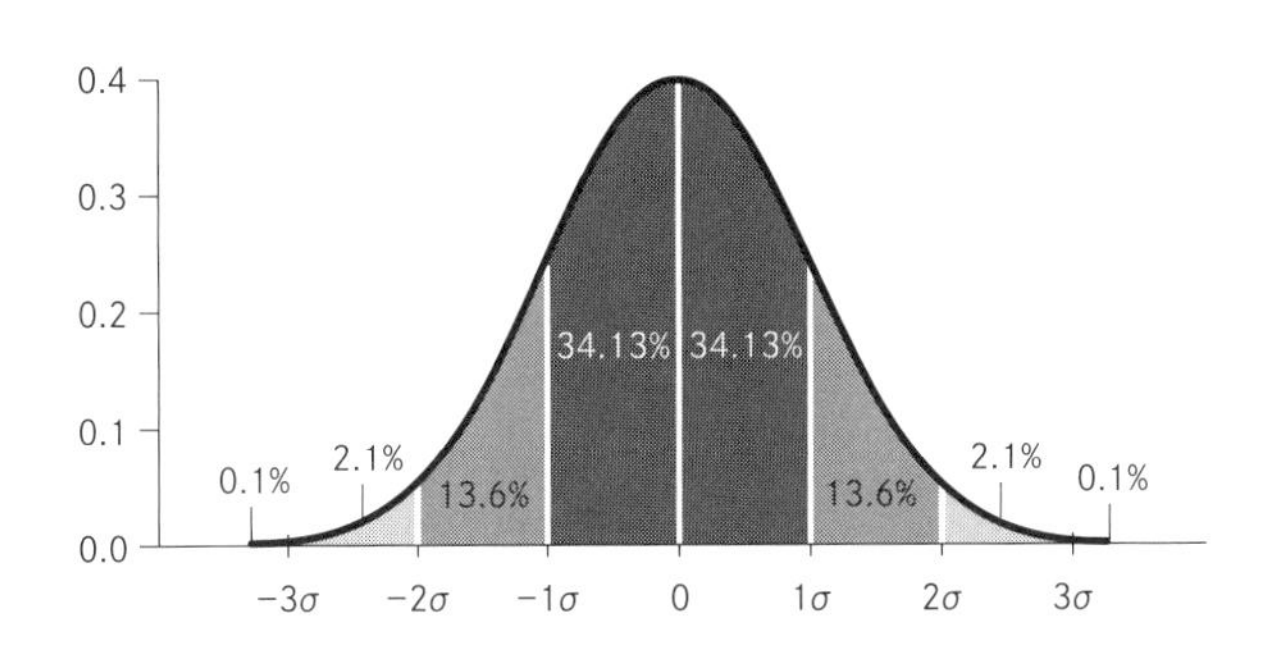

では、たとえば、偏差値38とか72とかいうのは、どのように計算されているのでしょうか？　どういう意味があるのでしょう？

偏差値というのは、ある数値がデータ全体の中で、どのくらいの位置にいるかを表したものです。

このとき、「標準偏差」というのを用います。これは、データのばらつき具合を表す値で、各データの値と平均値の差から算出します。

データの出現確率は、一般には、平均値に近い値ほど高く、上の図のような山型で示せます。これが正規分布で、山の勾配は標準偏差によって異なります。

上の図の場合、平均値から一標準偏差（σ＝シグマ）の間に、それぞれ上下34・13％ずつ（平均値からだと全体で68・26％）、一標準偏差から二標準偏差の間に、それぞれ13・59%ずつ（全体の95・44%）、二標準偏差から三標準偏差の間に、それぞれ2・14%ずつ（全体の99・72%）、標準偏差で三以上中心から離れたものは、それぞれ0・13%入ります。

偏差値は平均点をとった人が50になるように、

｛10×（得点−平均点）｝÷標準偏差＋50

という計算をしています。

つまり、平均値から二標準偏差離れている人は、偏差値では70あるいは30となり、上位または下位約2・3%にいる、80の場合（三標準偏差）は上位0・14%にいる、ということを示しているわけです。

ちなみに、IQ120とか140とかいう知能検査も、基本的には同様の統計によるもので、平均が50ではなく、100を使っているのです。一標準偏差を15とした場合、全体の68%が、IQ85〜115に含まれます。

投資信託でいう「リスク」とは？

さて、投資信託を買ったときの「リスク」というのは、この中央の約68％（つまり一標準偏差）に入る確率の利回りのばらつきを示している、ということをご存じでしょうか？

統計的に過去のものを見て、68％の確率で、何％から何％の利回りがありますよ、というものがリスクとして公表されているのです。

たとえば、平均利回りが3％で、リスクが5％だとすると、68％の確率で、プラス8％からマイナス2％の利回りとなるということです。

リスクというと、なんとなく「不確実」のような意味合いで使ってしまいますが、逆に過去のデータから、確率計算のできるものについて用いる言葉なのです。

ですから、たとえば、経済学を本当に勉強した人が「不確実」について言うときは、ちゃんと「不確実性」と言います。英語で言えば、uncertainty。それは、リスク計算が、つまり確率的な計算ができないもののことで、それが、「不確実性」なのです。

ちなみに、たとえばいまの「リスク」のほかにも、経済学の言葉には、一般的に使われているのとは少々異なった意味合いで使われているものがいくつかあります。

たとえば、「ショック」という言葉。オイル「ショック」、リーマン「ショック」などと言いますが、この「ショック」というのは、もともと経済学では、不連続な状態が起ることを指します。必ずしも、衝撃とかパニック的なものとは限らないのです。

クイック演習

① ご自身の平均余命（寿命ではない）をネットで調べてください（これも統計で計算されています。「主な年齢の平均余命」を厚労省が発表しています）。

② 「正規分布」のほかに、「べき分布（ゼロ付近に大きな偏りがある分布）」、「ポワソン分布（ある一定時間内に離散的に発生する分布）」などがあります。どんなものがそのような分布をすると思いますか？（分からなければ、ネットで調べてください。）

4　数字と数字を関連づけ、「仮説」を立てる

次のページの表（日経の景気指標）の日本の新設住宅着工を見てみると、このところ、年間だいたい90万戸前後なのですが、調子のよいときは１００万戸を超えていますね。そして、米国の住宅着工を見ると、１００万戸強ですね（日本もそうですが、月の数字を年換算で出したものです）。

米国はバブルのころに、２００万戸を超えていたのですが、だいたい巡航スピードだと１５０万戸ぐらいです。日本もバブル期には、１５０万戸だったので、いずれにしてもだいたい同じぐらいだということが分かります。

でも、なぜ？

米国は人口が３億２０００万人いるわけです。なのに、なぜでしょうか？

仮説を立ててみてください。

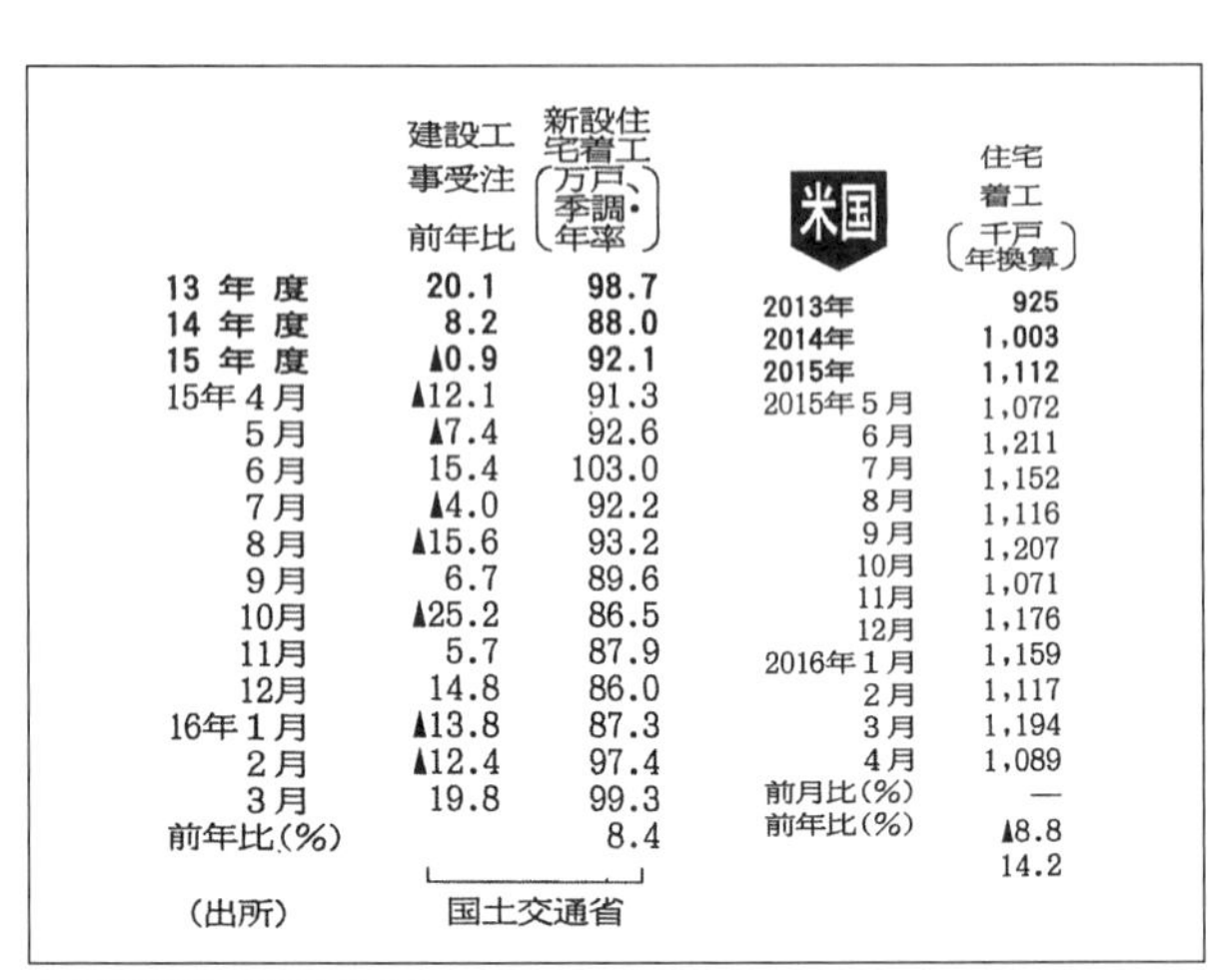

	建設工事受注前年比	新設住宅着工（万戸、季調・年率）
13 年 度	20.1	98.7
14 年 度	8.2	88.0
15 年 度	▲0.9	92.1
15年 4 月	▲12.1	91.3
5 月	▲7.4	92.6
6 月	15.4	103.0
7 月	▲4.0	92.2
8 月	▲15.6	93.2
9 月	6.7	89.6
10月	▲25.2	86.5
11月	5.7	87.9
12月	14.8	86.0
16年 1 月	▲13.8	87.3
2 月	▲12.4	97.4
3 月	19.8	99.3
前年比(%)		8.4
(出所)	国土交通省	

米国	住宅着工（千戸 年換算）
2013年	925
2014年	1,003
2015年	1,112
2015年 5 月	1,072
6 月	1,211
7 月	1,152
8 月	1,116
9 月	1,207
10月	1,071
11月	1,176
12月	1,159
2016年 1 月	1,117
2 月	1,194
3 月	1,089
4 月	—
前月比(%)	▲8.8
前年比(%)	14.2

日本経済新聞　2016年5月9日

アメリカの住宅は壊れないから？

仮設としては成り立ちます。

日本の住宅は木造で、だいたい30年とか40年で、家を建て替えるといわれています。壊れるわけではないのですが。これに対し、わたしは米国で、大学の住宅に住んでいたことがあるのですが、築50年ぐらいでした。米国では、同じ家を長く使うのです。

また、ニューヨークなどに行くと分かりますが、石造りの家が多いので、長く使えるように見えます。着工件数が少なくても、まあやっていけるのではないか？　仮説がますます正しいように思えてきます。

そこで、実際のデータを調べました。財務省の「ＰＲＥ戦略検討会（早稲田大学小松幸夫先生）」の資料によれば、サイクル年数が日本の30年に対し、米国１０３年。戸建て住宅の寿命比較では、日本は40年弱で50％が寿命を迎えるのに対し、米国は１００年程度となっています。やはり、耐久年数の違いでした。

日米の住宅着工件数、そして、アメリカの人口と日本の人口とを関連づけて見たときに、なんだか不思議だなと、昔からずっと思っていたのですが、これですっきりしました。

このように、いろいろな数字を見ながら関連づけて、なぜか不思議だなというときに、仮説を立てて、それを検証して、なぜかということが分かれば、「数字力」が高まります。

そういう習慣を持つことで、たとえば、日銀が異次元緩和を行い、直接コントロールできるマネタリーベース（日銀券＋日銀当座預金残高）がこれだけ増えているのに、銀行全体の貸出残高やＭ３（日銀券＋民間銀行にある預貯金＝市中に出回っている資金）が増えていないのはなぜかということなども考えるようになるのです。

この場合、結論だけを言うと、マネタリーベースを増やしているけれど貸出しにお金が回っていない、そこで、銀行に貸し出させるためにマイナス金利をやっているのではないのかというようなことも考えられる、ということなのです。

クイック演習

① 自動車販売台数（新車）を見ると、現状、米国は年間約1700万台程度、日本は約500万台です。人口的には納得できる数字ですが、国土面積などを考えると、また別の局面が見えてきそうです。どんな仮説が考えられますか？

② 左は、民間消費と雇用者報酬水準の推移を示したグラフです。民間消費は微増なのに対し、名目の雇用者報酬水準は下がっています。その理由について、どんな仮説が成り立ちますか？
給与格差の広がり？
貯蓄を取り崩している？
ほかの数字も調べて、検証してみてください。

民間消費の推移

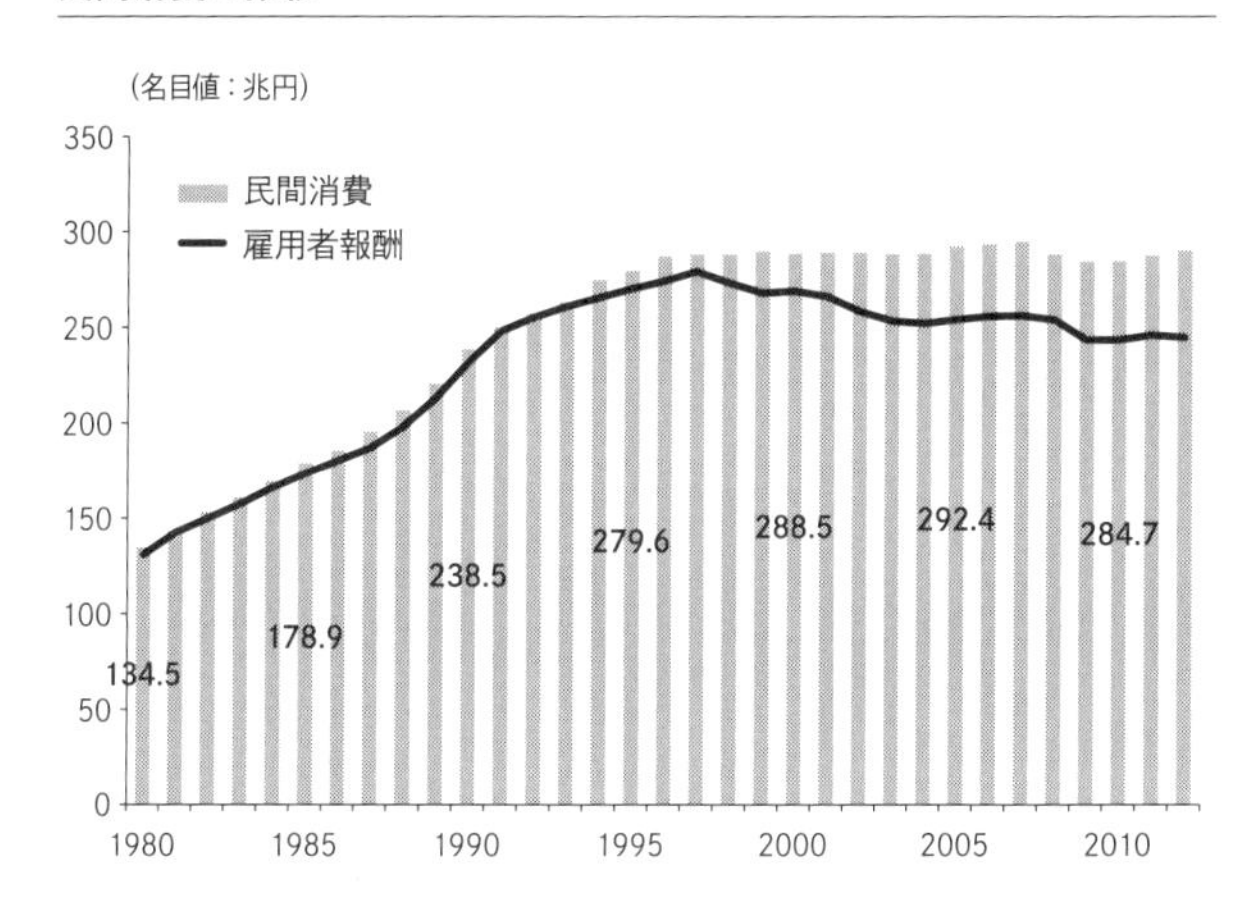

(出典) 内閣府「国民経済計算」

③ 二〇一四年度は一人あたりの給与の平均を表す「現金給与総額」が前年比で0・5％増加し、久しぶりに上昇しました。

しかし、その年度は消費税増税もあり、物価が2・8％上昇したため、給与の上昇分から物価上昇分を引いた「実質所得」は減少となり、家計の消費は大きくマイナスとなりました。

二〇一五年度に入り、物価上昇は0％前後となり、給与はわずかですが増えています。しかし、家計の支出は低迷しています。その理由を考えてください。

第5章

「数字力」を鍛える11の習慣

この最後の章では、「数字力」を鍛える具体的なスキルをご紹介します。いずれも、「数字力」のある人なら、ごく自然に行っている「勘どころ」であり、「習慣」です。ぜひ、すべてを習慣づけて、数字から世の中を、仕事を、見ていってください。

1 新聞のリード文を読んで、関心の幅を広げる

さて、あなたが電車通勤をなさっている場合、そして、複数の台数の自動改札機がある駅を通っていらした場合、何番の改札機を通って来られましたか？

えっ？　見ていなかった？

だいたい、ほとんどの方は、自動改札機に番号がついているということすらご存じないというか、考えたこともないと思います。でも、ついているのです。改札機の下のところに必ずついています（九州新幹線はついていません）。

わたしは通勤では中央線の四谷駅の8番の改札機を出ます。いつもそこと決めているのです。験をかつぐので、4番などからは絶対に出ません。

この話をすると、きっと今日は、改札機の番号が目に入ると思います。本書を読んで、そこに「関心」を持ったからです。関心を持たないものは、何万回見ても見えないのです。

では、関心の幅を広げるためにどうするか？

お勧めするのは、新聞の一面のトップ記事と、リード文が出ているような他の大きな記事は、関心があろうがなかろうがリード文だけでも必ず読むことです。これは一種の訓練です。関心のフックができて、その後、そのフックにいろんな情報が引っかかるようになります。

自分には見えていない、ということを自覚することができたら、一歩前進です。さらに、その中で、気づいた数字をメモしておくと、とても役に立つことがあります。

クイック演習　今朝の新聞の一面のトップ記事は何だったでしょうか？

2 つねに数字で考える

本書の冒頭に、「数字力」を身につける目的は、目標達成力を身につけることだと書きました。とにかく数字に落とし込むことです。そうでなければ、ただ「がんばろう」「がんばりました」で終わってしまいます。そうではなくて、「今月いくら売るのか？」「一日何件訪問するのか？」「今週何万字書くのか？」と、数字に落とし込まなければ、物事は達成されません。

逆に言えば、数字に落とし込まない人は、もともと達成する熱意が低い、あるいは達成できなかったときのエクスキューズを最初から考えている、とすら思います。

あなたが上司なら、部下の少しでも曖昧な表現には、つねに「それはいくら？」「何％？」「いつまでに何件達成するんだ？」などと、数字を明確にしなければなりません。会議や、プレゼンを聞いたあとの質問などでも同様です。

特に、「みんな」とか「ほとんど」という表現が出てきたら要注意。それは何人中何人なのか、全体はいくつで、その中のいくつについて調べて、その結果いくつなのか、説明してもらう必要があります。そういう習慣づけが「数字力」強化、ひいては目標達成力向上につながるのです。

ちょっと自慢話になってしまいますが、わたしが昨年に持っていた目標のひとつが（今年も同じなのですが）、自分の会社で主催する以外の外部から頼まれた講演会や研修を１００回行う、というものでした。それから、テレビの番組に１００回出る、連載原稿を１００本書く、本を10冊出すというものも掲げました。とても分かりやすいでしょう？

１００％ではないですが、ほぼ（95％以上）達成しました。目標を数字で持っていることにより、数字で具体的に振り返ることができるのです。

このためには、なんでも具体的に数えるという習慣も大切です。ずっと以前に出した本にも書いたのですが、わたしはいまでも東海道新幹線の三河安城―豊橋間（山側）の野立て看板の数を定期的に数えています。

そんなに看板があるのですか、と思われる方もいるかもしれません。それにお答えしますと、正確には、最初、一〇年以上前に『新幹線から経済が見える』という本を書いた折りに調べたときには、二〇〇三年の六月時点で26個ありました。それが、二〇〇九年の一月、『新幹線から経済が見える』の文庫本を出したときに、半減していて、13個でした。そして、二〇一六年の一月には8個に激減していました。

これには、わたしは仮説を持っていて、そのひとつは、乗っている人が忙しくなって、乗車中、パソコンやスマホを見ているか、疲れて寝ているかなので、看板の宣伝効果が薄れ、看板広告を出す人がいなくなった、というものです。

もうひとつは、その地域の都市化が進み、看板を立てる場所が減っている、ということです。住宅ができると防音壁ができるので見えなくなるということもあるのかもしれません。

さらに、もうひとつの仮説は、いまはネットの時代なので、広告もネット広告が中心となり、費用対効果が分かりにくい野立て看板に広告を出す会社が減った、というものです。

たったこれだけのことでも、数字を具体的に勘定する、という習慣を持っていれば、それにより見えるものも、相手に対する説得力も増してくると思うのですが、いかがでしょうか?

なお、説得力という点では、日本人がもっとも苦手とするビジネススキルのひとつであるプレゼンテーション。これが上手な人、特にグローバルの場でのプレゼンテーションの上手な人は、「数字」を上手に用います。「○%の人が」とか「○億円といわれています」といった言い方をします。

これは、できるビジネスマンがふつうに用いる手法です。数字で示されることによって、話の内容が一気に説得力を増し、また、記憶に残るのです。

クイック演習

① あなたが住んでいる地域で一番高い建物の階数は?
(実際に数えてみてください。)

② この一年間であなたの金融資産はいくら増減しましたか?

3 数字は客観的だが主観的にもなることを意識する

いま、数字で示すことによって、相手に対する説得力が一気に増すことをお話ししましたが、これを逆に言うと、わたしたちは、数字で示されるとそれを鵜呑みにしてしまう、検証しないで信じてしまう傾向があるということです。

アメリカのコマーシャルで、○○%の人がこれがいいと言いました、というあれです。なるほど！　と思いますが、ちょっと考えると、そもそも○○%といったって、どういう中での数字なの？　いつ誰に対して調べたの？　と、疑問が湧いてきます。

○割お得！　○%省エネ！　というのもそうです。よく見ると、ものすごく小さな字で、「当社比」などと書いてあります。

これらはみな、数字は客観的なものである、というわたしたちの思い込みを利用したものです。

８５００円の化粧品を高いと思った人が、10万円の化粧品がいまなら、80％ＯＦＦの２万円で！　と聞いた途端に、安い！　お得だ！　と思ってしまう、１億円のロレックスを見ると、その後、１００万円のロレックスを安いと思ってしまう（前作の『「数字力」養成講座』でお話ししました）のと同じです。

数字というのは、たしかに客観的なものですが、その受け止め方については、その人の基準や状況によって異なる、実に主観的なものでもあるのです。

そのことは、日頃から、数字を発信する場合も、受け止める場合も、よく意識している必要があります。

クイック演習

税込み（８％）２０３０円と、税抜き１８９０円では、どちらがお得でしょうか？（直感的に答えてみてください。）

4 大きな数字を把握する小さな数字にもこだわる

これは、第4章で、前作の『「数字力」養成講座』で取り上げた数字力の基本のレビューとして挙げた項目でもあるのですが、非常に重要なことなので、ぜひ習慣化していただきたく、ここにも挙げておきます。

わたしが新卒で入ったのは、東京銀行だったのですが、そこで為替のディーラーをしていた時期がありました。そこで上司にまず言われたのは、大きい数字は絶対に間違えるなということでした。10銭、20銭の数字は間違えてもある程度許されるが、1円単位が違っていたら、たとえば、いま1ドル110円のものが111円と1円違うだけで、100万ドルの取引なら100万円違う。絶対に間違うなと。

さらには、経営者は大きな視点で会社を見誤らないことが絶対に必要ですから、大きな単位の数字を間違わないということが大切です。

一方、10銭、20銭の違いが大きく響くのがまた、ビジネスの世界でもあります。たとえば、車には、それこそ3万個もの部品が使われています。一つ一つの部品の価格の違いは小さくても、それが集まると、とても大きな数字になります。ましてや一車種を、場合によっては数十万台つくるわけです。

これは部品の値段だけではありません。重さもそうです。全体でトン単位の重さのある自動車ですが、重さで燃費が大きく変わるため、一つ一つの部品はグラム単位でのコントロールが必要となるのです。このように、一つ一つは小さくても、全体での大きさが問題となる場合には、小さな数字にももちろんこだわらなければなりません。

経営も同じですね。「時間あたり、一人あたりの生産性」なども、会社が大きくなるほど、「円」単位のこだわりが必要です。

クイック演習

自分の仕事で大きな単位で把握していていい数字と、細かい単位まで把握しなければいけない数字を挙げてください（大切なのは、自分でそれらを認識していることです）。

5　検算する

最近気づいたのですが、どうやら、数字に弱いという人は、検算しないのです（実はこれ、学校の成績のいい子と悪い子の違いでもあると思います）。

ちょっと検算すれば気づくような単純ミスをそのままにした資料が実に多い。数字を扱う経理や営業管理部門にも、そういう人が散見されますので、ちょっと驚きです。

社外取締役として役員会に出ていても、会社によっては、資料の数字がひどく間違っているということがあります。「コピーする前に、ちょっと見れば分かるのでは？」と思うのですが、分からないのですね。見ないのかもしれません。

こういう場合、たいていは社長が気づきます。全部を詳細に見ているわけではないのに、瞬間的に気づく。社長はやはり数字に対する感度が高いから、社長をやっている、ともいえます。自社の売上げ、利益、将来見通しなどに対する切迫感、責任感が違う、その結果、関心の度合いが違うからともいえます。

逆に言えば、本気になれば、ちょっとおかしい数字には気づくはずだということです。

でも、それを言ったら、精神論になってしまいますので、まずは、**検算する習慣を持つ**こと。自分で計算したことを、もう一度違う方法で計算してみる、検算してみるというのは、とても大事なことです。それによって、数字に対する感度そのものも上がってきます。

クイック演習

① ご自身のBMIの数値（体重をメートル表示の身長の2乗で割ったもの）を計算してください（一般的には、22が理想、25以上だと肥満だといわれています）。

② ①の数字を検算してください。合っていましたか？

6 月曜日の日経新聞の「景気指標」欄に毎週目を通す

わたしは数字の訓練として、月曜日の日経新聞の「景気指標」欄に必ず目を通します。そこから、日本経済のほとんどのことが分かります（実は、それによって、サブプライムローンの破綻、ひいてはリーマンショックを予見したというのも密かな自慢です）。

わたしの講演の多くでは、最新の日経新聞「景気指標」を用いた経済見通しをお話しします。そして、みなさんもぜひ、これを見ることを習慣化なさってくださいと勧めています。

この際、漠然と見ても分からないので、まず関心のあることから見ていくとよいと思います。GDPや法人企業統計は三ヵ月に一度しか出ないのですが、現金給与総額や消費者物価指数、そして、マネタリーベースやM3など、毎月更新される数字が多く、それらは、更新されたときには必ず記事にも出るので、それを読むことも重要です。

いつも関心を持って、現金給与総額の前年比がどうなっているのか、この三ヵ月〇・〇だったけれど、次はどうなるのか、そしてそれは消費支出にどう影響していくか、物価は本当に上がっているのか、M3は増えているのか、そしてトータル的にGDPはどうなるのか、といった見方をしていると、記事と同じようなことが自分でも考えられるようになってきます。

GDPの流れを見ていると、政府は消費税の増税をどうするのだろう？　というようなことまで、考えが及ぶようになってくるのです（『小宮一慶のビジネスマン手帳』（ディスカヴァー）には日経新聞の「景気指標」の抜粋が二〇年分載っています）。

クイック演習

次の月曜日に、日経新聞の「景気指標」欄の「国内」を見て、次の指標を確認してください。最上段では「鉱工業指数」の「生産指数」、二段目では「法人企業統計」の「設備投資」、三段目では「現金給与総額」「消費支出2人以上世帯」、四段目では「消費者物価指数」「貿易・通関」、最後の五段目では「経常収支」「東証一部時価総額」。その推移も見ること。主要指標は毎週チェックしてください。

7 決まった日に数字をチェックする

月曜日の日経新聞の「景気指標」欄を見ることもそうですが、わたしはそれとは別に、特定の決まった日に、決まった数字を確認することにしています。

具体的には、

一月一日　昨年生まれた子どもの数（100万5600人、推計値）
成人の日　新成人の数（120万人）
五月五日　一五歳以下の子どもの数（1605万人）
敬老の日　六五歳以上の人口比率（26・7％）

です（カッコの中は二〇一五年の数値）。

その日の新聞をよく見ると載っています（先ほどご紹介した『ビジネスマン手帳』には、

「今日の数字」を書く欄があり、該当日には、たとえば一月一日なら「去年生まれた子どもの数」などの記載があり、チェックすべき事柄を見落としません。「数字力養成手帳」として活用してください）。

ほかにも、ＧＤＰの発表日（四半期が終わったおおよそ一ヵ月半後）も内閣府のホームページなどで調べられますから、その日を知っていれば、統計をチェックできます。

クイック演習

①　自社が上場企業の場合、四半期に一度財務内容の開示が必要ですが、その開示日を確認し、財務諸表を分析してください（「四五日ルール」というのがあり、四半期末から四五日以内に開示されます）。

②　自分の誕生日には、お世話になった人のことを思い出してください（これは「数字力」とは関係ありませんが……）。

8 メモを取り、つねに頭の中に数字をインプットする

日経新聞の記事の中に出ている数字、あるいは「景気指標」欄で気になった数字などは、メモすることです。また、先の項で説明した「決まった日にチェックする数字」もメモすることです。わたしはそれらの数字を手帳にメモします。

いまはグーグルがあれば、そんなもの、すぐに調べられる、グーグルを外部のメモリー代わりに持っていればいい、というような意見もあるようですが、わたしはそれには反対です。

たとえば、先にも書いたように、わたしはいくつかの会社の社外取締役をしていますが、役員会に出ているときに質問を受け、「ちょっと待ってください。グーグルで検索します」などと言っていたら、「じゃあ、ほかの人を雇うよ」という話になるでしょう。ましてや、

テレビの生放送でコメンテーターをしていたり、講演をしていたりする最中に、グーグルで検索するというのは、ありえない話です。その場で、頭の中にあるもので、勝負するしかないのです。

人間は、頭のデータベースにないものを組み合わせて、物事を創造することはできません。つまり、頭の中にないものは、いざというときに役に立たないのです。つねに頭の中にインプットする必要があるということなのです。

メモを取るというのは、そのための手段のひとつです。

クイック演習　今日、気になった数字が出てきたら、手帳などにメモすること。

9 メモを繰り返し読み、頭の中のデータベースを整理する

メモするというのは、頭の中のデータベースにきちんと格納するためのひとつの重要な手段なのですが、それだけではなかなか定着せず、そのインプットを脳の中で活性化しておくためには、そのメモを繰り返して見る必要があります。

わたしも、関心を持ってメモしたことなら、一定期間は覚えていますが、使わないでいると、時間の経過とともに忘れてしまいます。そこで、電車に乗っているときや仕事の空き時間などにパラパラと見て、思い出すのです（このためにメモはふだん使う手帳に書き込むのがよいのです）。

さらに、「基本的な数字」というのは、すぐに陳腐化します。つねに最新の数字に更新しておかなければなりません。そこで、たとえば、昨年生まれた子どもの数など、新たな数字が出てきたらメモし直す、その過程で頭の中のデータベースに入って定着する、とも

いえます。

加えて、前年の数字の記録があれば、それと比較することによって、推移や前年比が分かり、それによって、翌年の数字を予測、推計することもできます。

たとえば、先にも記したように、今年（二〇一六年）一月一日の推計値に、昨年生まれた子どもの数が100万5600人とありました。一昨年は100万3000人でしたから、少し増えたのですね。来年も増えていればよいのですが、さてどうなるでしょうか。

死亡者数は毎年若干増加していますが、毎年三〇万人ずつくらい人口が減少しています。

これも、生まれた子どもの推計値が確定値で発表されるときに、死亡者数も発表になりますから、毎年メモを更新するのです。

クイック演習

最近手帳にメモした数字を思い出してください。思い出せないようなら、メモを読み返してください。

10
アウトプットして、自分の頭の中のデータベースのレベルをチェックする

新聞を読んだり、メモをしたりして、日々、自分の頭の中に情報をインプットしていくうちに、いろいろなことが分かってきて、自分でなんでも分かっている気持ちになってきてしまうものです。が、「分かったつもり」になっている「だけ」のことは非常に多い。

では、それがただの「つもり」なのか、本当に分かったことなのか、見極めるにはどうしたらいいのでしょうか？

簡単です。アウトプットすることです。誰かに話したり、ブログや原稿などに書いたりしてみると、自分の理解の程度、頭の中のデータベースの整理の程度がよく分かります。

わたしの会社の若い人が、何か「勉強してきた」というときには必ず、勉強してきたこ

とを「話してみなさい」と言います。案外、記憶が曖昧だったりすることが少なくありません。あるいは、本を読むと、すぐ分かったつもりになりますが、実は自分の分かる範囲でしか分かっていないのが現状です。

ですから、アウトプットしてみる、人に話してみる、書いてみるというのはとても大事です。もちろん、この際には、数字で！　数字で表現することが大切です。それをやり続けることによって、数字力も、したがって目標達成力もどんどん上がっていくと思います。

クイック演習

① 日銀の異次元緩和について、数字を交えて簡単に説明してください（書いても、口で説明しても、頭の中でもかまいませんが、きちんと文章で説明してください）。

② 自社の業績について、数字を交えて説明してください。

11 勉強を続ける

基本的な情報は、新聞やインターネットなどから、都度得ることもできますが、たとえば、GDPの構成要素や、特別会計と一般会計の仕組み、マイナス金利が市場に与える影響、会計のところでご説明した貸借対照表の右と左、資産と負債と純資産のような、日常生活や毎日の仕事の中ではなかなか覚えられない「基礎的な知識」については、週に一時間でもけっこうですから、別の時間をとって勉強する習慣をつけたいものです。ずっと理解力が高まり続けます。

日々、一生、勉強。そういう習慣が身についたら、人生はとても楽しいものになると思うのですが、いかがでしょうか？

週に一時間でいいので、「基礎的な知識」を勉強すると決めてください。
これから一ヵ月どの本を読むかを選択し、読む時間を手帳上に確保してください。

あとがき

『最新「数字力」養成講座』いかがでしたでしょうか？

本文を読み進まれたことにより、「数字力」を高められたとともに、この国の現実やさまざまな課題を認識されたことと思います。また、「基本的な数字」と「基礎的な知識」の重要性も認識されたと思います。

世の中は数字だらけです。まず、その数字を「関心」を持って具体的に認識することが必要です。そして、それらを関連づけ、解釈して、自分なりの「知恵」に変えることが大切です。

現代は「知恵の時代」です。以前は、鉄鋼や鉄道、通信など、巨大なインフラすなわち資本がなければ大きな富を築けない「資本の時代」でした。しかし、マイクロソフト、グーグル、フェイスブックなど、現代、巨万の富を築いた人たちは、資本なしに自分たちの知恵だけで、財をなしました。マイクロソフトもフェイスブックも大学生がほとんど資本なしに立ち上げ、大きくした会社です。

知恵は、他人に評価されない限り、本当の知恵とはいえません。そして、知恵を評価してもらうには、情報を正確に把握し、そして他の情報と組み合わせて、オリジナリティの高いアウトプットを出すことが必要です。「数字力」を高めることがそのための大きな武器になることは間違いありません。

自分の数字力はまだまだと思う方は、まず、今日から、数字で具体的に考える、表現することから始めてください。「高い、安い」などの形容詞を使わず、そう思ったときには、具体的に「いくら高い」のか、「いくらだったら買うのか」といったことを具体化していってください。これは訓練で、慣れの問題です。

数字力が比較的高い方は、本文にも多く出てきたように、数字と他の数字を組み合わせて、オリジナルの仮説を立ててください。そして、それを検証していく。ほかにも第4章、第5章で書いたポイントや習慣を含め、それらを繰り返すことで、格段に数字力は上がっていき、知恵を生む力も向上します。

本文に何度も書いたように、この国はますます高齢化が進み、財政赤字も大きくなっていきます。名目ＧＤＰも二〇年以上伸びていません。閉塞感もあります。けれども、それぞれが知恵を出して、自身や自社を発展させていくしかないのです。

名目ＧＤＰは、各社の付加価値の合計だということはお話ししました。ということは、それぞれの会社が、それぞれ毎年５％ずつ国内で付加価値を増やせば、理論的にはこの国は毎年５％成長するはずなのです。

まず、自分たちが頑張ることを考えることだと、わたしは思っています。わたしも、わたしの会社（小宮コンサルタンツ）もその気概で頑張りますので、一緒に頑張ってください。数字力を高めて、あなたの人生がますます発展することを心より祈っています。

なお、本書作成にあたり、ディスカヴァー・トゥエンティワンの干場弓子社長には本当にお世話になりました。とても忙しい社長直々に編集していただき、たいへん感謝しています。この場を借りて心よりお礼申し上げます。

二〇一六年五月

著者

ディスカヴァー携書 168

ビジネスマンのための最新「数字力」養成講座

発行日　2016年6月20日　第1刷
　　　　2016年7月15日　第2刷

Author　小宮一慶

Book Designer　遠藤陽一（DESIGN WORKSHOP JIN, Inc.）

Illustrator　岸和泉（図版）

Publication　株式会社ディスカヴァー・トゥエンティワン
〒102-0093　東京都千代田区平河町2-16-1 平河町森タワー11F
TEL　03-3237-8321（代表）
FAX　03-3237-8323　http://www.d21.co.jp

Publisher & Editor　干場弓子

Marketing Group Staff
小田孝文　中澤泰宏　吉澤道子　井筒浩　小関勝則　千葉潤子　飯田智樹　佐藤昌幸　谷口奈緒美　山中麻吏　西川なつか　古矢薫　原大士　郭迪　松原史与志　中村郁子　蛯原昇　安永智洋　鍋田匠伴　榊原僚　佐竹祐哉　廣内悠理　伊東佑真　梅本翔太　奥田千晶　田中姫菜　橋本莉奈　川島理　倉田華　牧野類　渡辺基志　庄司知世　谷中卓

Assistant Staff
俵敬子　町田加奈子　丸山香織　小林里美　井澤徳子　藤井多穂子　藤井かおり　葛目美枝子　竹内恵子　伊藤香　常徳すみ　イエン・サムハマ　鈴木洋子　松下史　永井明日佳　片桐麻季　板野千広　阿部純子　岩上幸子　山浦和　小野明美

Operation Group Staff
池田望　田中亜紀　福永友紀　杉田彰子　安達情未

Productive Group Staff
藤田浩芳　千葉正幸　原典宏　林秀樹　三谷祐一　石橋和佳　大山聡子　大竹朝子　堀部直人　井上慎平　林拓馬　塔下太朗　松石悠　木下智尋　鄧佩妍　李瑋玲

Proofreader　株式会社文字工房燦光

DTP　アーティザンカンパニー株式会社

Printing　共同印刷株式会社

ISBN978-4-7993-1909-3

携書フォーマット：長坂勇司